本书作者简介

何至军：通信与信息系统博士，声呐与雷达系统博士，拥有多年智能与自动化创新研发经历，微物观爱好者。

本书插画师简介

马毅：“90后”设计师，世界500强公司物联网产品经理，“野生”插画爱好者。邮箱：maxiaoyi0601@163.com。

SCIENCE BUBBLES OF A GEEK HEAD

进化

从轮车时代到未来驾驶

何至军／著

電子工業出版社
Publishing House of Electronics Industry
北京 • BEIJING

前言

本书最初是一本随手笔记，记录了这些年来我对科学、自然、哲学等的一些想法。参与科技工作后，我逐渐将随笔内容进行整合并进行系统性的阐述。本书在编写过程中进行了很多次修改，因为不断有新的思想涌现，所以每一次的品读都试图在原来的基础上更进一步。时间无法倒退，起笔时的想法已模糊，但是不论怎样，初衷依旧，希望本书能带给读者更多关于科学、思想的启迪。

本书以生活经验、知识背景及观察得到的体悟作为基础，探究交通工具的变迁及其对于时代的意义，从过去到现在再到依稀可见的未来，一步步分解出每个时代的隐含思想。每个事物都可以被当作一个个体，也可以作为整体的一部分。若将一部智能电话当作一个个体，那么每一次改进只局限于它本身的应用。倘若把它作为人工智能的一部分，或者作为影响整个时代发展的技术应用中的一部分，更细致地去研究它每一个可能扩展的功能及结构，而不再局限于智能电话本身，那么我们将可能创造出一个适用于下一个时代的装置。对于交通工具，对于科技，亦是如此，若能够探究出最细微的变化，那么蝴蝶扇动的翅膀也会引起飓风。

感谢所有试读本书的好友与亲人，是你们反馈的意见，帮助我把本书的逻辑架构梳理了出来；感谢所有阅读本书的读者，本书仅是微不足道的贡献，我将它献给每一位乐于求知与思考的人。你可能会对书中的某个部分有异议或批判，也可能会由此改变自己对世界某一方面的看法。不过我想，哪怕只是一点点的改变，只要有新的思想产生，科学这辆轮车就永远不会停止。

第 1 章
展开，折叠

01 时代对话 012
02 狭路相逢 019
03 车水马龙 024
04 指标 029
05 四通八达 034
06 物超所值 039
07 代价 044
08 重新定义 050

第 2 章
承载，牵引

01 超人物种 056
02 起点 062
03 边界 067
04 感官能力 072
05 个体 076
06 连接 082
07 呼应 089

3

第 3 章 计算的力量

01 卦 096
02 阴阳历法 101
03 数学 105
04 计算机 109
05 算法 113
06 流与分流 118
07 图灵系统 123
08 神经网络 127
09 混沌与量子 134

4

第 4 章 理想与现实

01 超越 140
02 能量 145
03 管理 149
04 强化 155
05 反抗 160
06 设计 166
07 补充 171
08 循环 177

目录 Contents

5

第 5 章
机械生物化

01	传感器	184
02	波动	189
03	点线面	194
04	视觉扩展	199
05	分析与汇聚	204
06	互动	210
07	原生系统	215
08	仿生机械	220
09	人体工学	225

6

第 6 章
领域

01	黑球	232
02	异形位移	237
03	压缩	241
04	传送	245
05	人机共生	249
06	行星智能	255
07	终点	259

SCIENCE BUBBLES OF A GEEK HEAD

1

Science Bubbles of a Geek Head

抬头仰望天空时，无数的繁星仅是点点的闪光。然而，偶然间的连接，定义出了抽象的图形。从星座到星图，这是一张不断被展开的地图。在其中给予合理的解释并对轨迹进行定义，最终能够指引方向的是不断折叠后的交集。

本章以文化传承与城市变迁为开端，讲述时代演进的人文风貌；然后再介绍在繁盛的贸易背景下四通八达的交通，从陆地到海洋再到天空，建构出一条条通往新世界的大道。不断扩张的地图与连接，归纳出许多交集，在交集中不断去探索导致变化的关键要素，而在这之中没有真正的顶点或绝对的主宰，由量变至质变，等待的仅是关键时刻的到来。

第1章

展开，折叠

01 时代对话

1990年盛夏，一阵躁动不安的热流横扫大片井格状、有序的青绿稻秧，犹如一袭时浮时沉的绿色波浪。清风吹动稻秧的瞬间，模糊可见一头曲背精瘦的水牛，缓步却有规律地走在纵横交错的田埂间。水牛每向前一步，皆使田间的白黄色六足生物（一种蝗虫）进行小规模迁移，不断颤动的硬壳夹层发出高频摩擦声。一旁是一位头戴竹叶尖顶草帽、身穿三折外翻的卷膝西装裤、搭配青蓝色半袖衬衫、手执短棍的中年男子。眼前这幅景象，在坐于田间小矮石墩上的男童眼中，显得格外有意思：春耕秋收的农地，由杂草丛生的荒地变为井然有序的稻田，一股作用力在不断改变眼前的景象，这一切都在“侵扰”着这片区域的安宁。细细聆听，那些稀疏混杂的声音似乎在讲述这片区域不断变化的过去。这幅牛牧耕作图是我记忆中最后一次关于生物动力转化为生产力的景象。姥姥经常说起那个年代婚嫁的习俗与礼仪，虽然如今只能回忆起几个片段，但她对“嫁妆一牛车”这句话却依然记忆深刻。正如“学富五车”所形容的那样，一辆牛车成为那个年代的财富标准。如今，我们几乎已经见不到真正的牛车了，因为它是从后工业时代就已经渐渐消失的传统交通工具。

家门前是一条紧紧挨着田埂的黄泥路，有时候一下午也只有隔壁家那只短毛黑亮的“旺财”经过。三合院的角落里倚靠着一辆铁皮自行车，那是爷爷唯一的交通工具。黄泥路的尽头是个围绕着一颗榕树的小广场，树上系着祈福的红缎带，树的一旁是一间传统庙宇。树下的花岗岩圆桌是老一辈人聚会下棋的地方。他们讲述着当年的拓荒经历，并各种“吹嘘”，这是一场充满回忆的口舌较量赛，且似乎永远难分胜负。一天早晨，远远地传来一阵喧嚣声，只见邻居带着各种耕作工具路过我家门口。榕树下聚集了很多熟悉的面孔，其中还有几位头戴塑料黄帽的外地人，他们正在激烈地辩论着。这个夏天带走了记忆中的田地与黄泥路，带来的是光亮的柏油路面与写着“施工中”的铁皮围栏。都市化建设就如同一个巨轮，碾压过一幢幢小如蝼蚁的住宅，三代人的生活痕迹从此成为记忆的片段。

由乡镇来到都市，总会有些不习惯，

主要是因为不太理解城市的规范。老城区的街道有着神奇的设计逻辑，几乎没有一条道路是由头至尾笔直的，这经常使外地来的人迷失方向，而问路是让这些不断涌入城市的人安身立命的开端。多数的早期居民都是这样移居至此的，因此他们很容易因一个共同的经历而产生共鸣。由于感同身受，因此也更能从言行间或穿着打扮中去感受对方的窘境。一句简单的问路，得到的可能是一晚便宜的住宿，也可能是一个宝贵的工作机会。这无法用准确的言语来表达，它是一种只可意会的感受和味道——人情味。

移居至此的人们，无论民族、地域和文化，似乎都以一棵大树搭配一间庙宇作为开端，将信仰与信念汇聚，使祭祀、聚会、举办活动等成为日常生活联系网的重要节点。渐渐地，越来越多的人被

引进，而人流带动资金流，频繁的商贸活动使地方经济得以快速发展。以庙宇为轴线渐渐扩展，由一个点、一个面发展到一个地域。出于对未知与自然的敬畏，老一辈人在建筑上更讲究风水。风水的历史可追溯至三皇五帝甚至更早的时候，虽然它真正的出现年代已不可考，但概率统计在这一门古老的艺术中展露无遗。风水包含洞察星象、生命需求、情绪表征等，这一切都与自然息息相关，其意义在于与自然达成和谐。因此，建筑领域所讲究的风水与地理环境有很大的关系，如地处山凹、两面隆起、背山面海——佛寺或庙宇往往会选择这样的地理位置。一棵参天大树旁，经常会形成聚落，在传统文化中，大树有庇荫子孙的寓意。由聚落形成集会，凝聚信仰并将信仰具象，体现在建筑上，再一步一步发展壮大。如果想知道樟泉一带有多少间庙宇，有一句谚语非常准确，“三步一小庙，五步一大庙”，这形象地表现出了这个区域发展的历程和节点。庙宇的建设与地方信仰的关系非常密切，例如，海边的居民信奉妈祖，商贸繁荣地区的人们信奉关公，靠近河道地区的居民信奉城隍爷。虽然有着不同的信仰，但彼此间却保持着尊重。这些以庙宇为中心的聚落不断扩张，使得小城区与小城区间形成重叠，各种随机的路径便造就了错综复杂的交通网络。

02 狭路相逢

从拥有一个能够遮风避雨的居所，吃得饱、穿得暖，到铺设能够通达下一个目的地的路径，不同地域间开始相互交流与学习。由于思想上获得的启发及生活质量的改善，欲望与理想的追逐开始产生，各种兴趣使然的活动逐步成形，形成了推动时代发展涟漪般的动力。坐落于老城区的老商业街是老一辈人口中的黄金区，也是南北货物的集散中心。在那里，宁夏的枸杞、长白山的高丽参、智利的鱿鱼干、印度和缅甸的坚果，以及各类绫罗绸缎、玉器宝石等，应有尽有。在全球商贸并不发达的年代，巨大贫富差距下的繁荣，看起来极为突兀。商贸圈的形成，如同一张展开的地图，是各种路径与资源汇聚的节点。但是，对于向外扩张的商业而言，地域与地域间的陆路贸易已无法满足需求，一张张扬起的帆指向海的另一边。

1492年，从西班牙起航的哥伦布，在经历七十余天的航行后抵达了美洲东部群岛，随后带回大量的矿产及天然资源，促进了欧洲资本主义的产生和发展。然而，美洲却在不断上演着杀戮与掠夺，最终使得印第安文化几乎消亡。这两种极端现象在人类的历史中不断上演。在先人的拓荒史中，两地的连接就好比天平，取舍总让人拿捏不准，多一点或少一点都会造成严重的失衡。慢慢地，这起伏动荡的状态会逐渐变得平稳，这是一个相互匹配的过程。当然，不管下一条路径从何处延伸以及延伸到何方，它都是一个时代的起始点。

1903 年，一对美洲土生土长的兄弟（威尔伯·莱特和奥维尔·莱特）发明了当时人类历史上航行距离最远的载人飞行工具，这也是飞机的原始模型。飞行工具的出现，打破了地域间的界限，震撼了整个世界。1914 年第一次世界大战爆发，许多地方战火连天，国与国间的相互占领与豪夺持续了四年之久。过去，只要做好边界的防御，即可抵挡不管来自陆地还是来自海上的威胁。然而现在，新的威胁来自无边界的天空，破坏变得更加直接且难以预测。每件事情的发生都是一体两面的，有光明，也有黑暗，有灾难，也有新生。航空技术由军用转为民用，缩短了两地间货物运送与商务旅行等耗费的时间，也促成了新行业的兴起。跨国合作、新知识和新研究成果的交流等变得更加频繁。

2009 年夏秋交替之际，西北部海岸线的斜阳伴随贴合海平面的缕缕积云缓缓落下，西北风不再夹带大量水气，却带来一丝丝凉意与惆怅。渔船正赶往自己的渔场，上面还装饰着如圣诞树上的礼物一般的玻璃球，实际上，这是为捕捞瘦长身形的海洋生物所做的陷阱，它利用水中

生物的趋光性来得到更大的收获。那时的少年孤坐岸边，望着缓缓起伏的海面思考：海的对面是一个什么样的地方？两年后，他真的到达了海的另一端，并与那里不同文化的人一起生活。路径如同两个世界之间的桥梁，当绳索被抛向彼岸时，谁也无法阻挡这座桥的搭建，即便故步自封也会被迫“撕开”。当通过各种方式与世界各地的人们建立了沟通与联系时，新的人和事物便会冲击旧的知识与文化。人类不断犯错并不断从错误中找寻平衡，而这个过程是疯狂的或看似无可救药的，但在波澜过后，或许因为改变而能够承载更多的不可能。不论天空的、海洋的，还是陆地的，什么样的路径才是适合的并能够被我们依循的轨迹？这条轨迹又将通往何方？这已经超越了实体形象能够形容的范围。在黑暗中抛出一条绳索，到底谁会接住另一端？我们尚不清楚，唯一能做的是用心去感受每一个变化，用心去体验生命的价值。

03 车水马龙

不到10秒的间隔，一个人反复看着手腕上的三根指针以相同轴心、不同速率描绘出圆周的渐变。一张眉头深锁的脸，由后方乘客位置努力探向驾驶员与副驾驶员中间的前观景窗。即便信号灯由红色转为绿色，世界也依然在此刻暂停了，只有一颗躁动不安的心不断跳动，只有那高涨的情绪不断起伏。交织在一起的汽笛声像一首变奏交响乐，用同一种音调演奏着诡异的乐章，而唯一不同的是演奏者各自独特的节奏感。烈日向铁制外壳不断播撒“能量粒子”，使得空气也舞动了起来，空间与热流的相互感染使得目之所及的画面变得有些抽象且不真实，明明晴朗无垠的蓝天，却因拥堵变得如此令人绝望。现在是上午8点46分的国贸街景。

史料中关于轮车出现的记载，可追溯至太古时期的轩辕氏。那是一种依靠走兽拉动的两轮开放式载具，与美索不达米亚文化中的战马车形象相似。依靠生物动力的轮车跨越了数千年的历史进程，直到工业革命时期出现了蒸汽机，依靠机械动力的移动载具才逐渐成为主流。汽车成了新名词，替代了原有的运输劳力，这种更快且吞吐量更大的载具带动了生产力的提升。铁道、高速公路的兴建为汽车提供了更便捷的轨道。马车时代的

人车混流，在汽车时代转变为人车分流。纯粹的车行道路正通往四面八方，所到之处的物资、建筑、文化等均受影响，直接促进了相关地区的发展。新世界与旧世界的冲突与融合，在繁荣经济的同时，也带来了生活质量的改善、有条理的城市规划、现代感的建筑风格、教育的普及以及多样性的娱乐活动。然而，人类同时也不得不面临价值观的扭曲、环境变化导致的物价攀升等问题。生活的压力及痛苦使人们没有更多选择，贫富之间的差距逐渐拉大。用资源换取进步，但获得资源的同时，环境问题愈发突出，彼此在不断地磨合着向前发展。

上午 9 点 12 分打卡，打卡机里“弹”出美妙的声响，这是本月的全勤奖金到账的声音。从 16 楼的大型落地窗往下望，路面、桥上依旧堵得水泄不通；将目光转至更远的 400 米外，点点红色闪光映入眼帘，一场交通事故正在“上演”。隐约可见两个身影相互指责，一位女性在两人间穿梭推挤，而事故现场前方则是一条能够飞驰的顺畅大道。交通广播传来各地的早高峰拥堵情况，似乎车流量大的地方无一幸免。但为何会堵车？为何有如此多的车？在工业时代的初期，载具的高运输能力加快了生产节奏，也满足了更多的欲望及需求。将载具作为私人用车，是极少数人才能拥有的奢华生活享受。1886 年，第一辆以汽油为动力的汽车诞生，汽油发动机代替了需要通过大型锅炉烧水产生动力的蒸汽发动机，使得动力装置更加小型化、精致化，也减少了燃烧煤块的能量损耗。随着汽油发动机的逐步发展，精炼的汽油成为动力来源，而掺杂稀有元素的高强度钢材提供了优质的原材料，此时另一个新名词——引擎出现了。汽车作为替代高密集劳动力的自动化机械，依然过于复杂，在工业时代初期皆需要通过人工生产制造。从车体设计、结构规划、模型冲压至每个部件的组装，这一过程相当耗时耗力。如今日制造手工机械表般的精细工艺，导致汽车不仅产量少，而且价格居高不下。因此，汽车的价值被深深地打上了时代的烙印，直到今天，它依然代表着身份、地位及财富。

04 指标

在追求细致化、精品化的后工业时代，传统意义上的自动化设备仅能替代密集劳动力，却无法满足消费者对产品更高品质与多样性的需求。其中，机械设备的演进需要很长的周期及合适的契机，这包括新材料的出现、力学的发展和系统的改进等。在后工业时代累加的种种因素，使得大型工厂转型困难，面临需求快速下滑和消费市场低迷的严峻考验。1929年爆发的美国经济大萧条持续了数年，物品滞销使得现金流无法活络，通货膨胀与货币贬值随之而来。据统计，在这次大萧条中，一半以上的银行面临倒闭，失业人口达150万人以上。危难时刻，勇者先行，而智者则三思而后行。生命的产生是各种现象的总和，而产品的产生却很灵活，过去的工厂将产出一项产品作为目标，而新时代的工业思维有了新的转变。新的生产方法不再以单个产品为主体，而是将产品拆分为更细小的零部件或半成品，由不同的企业进行规划、设计、加工和组装，甚至连广告与媒体投放，也交给了专业人士去做。因此，专业化的工业改革，使得产业的多样性快速展开，同时带动了更多的人口就业。这样的分工使每家企业都专注于特定领域，也使得数量与价格保持良性平衡，因此成本也在不断下降。分工不仅降低了企业的成本压力，也为人们带来了更多的工作机会。生活富足使消费族群产生了变化，不同的消费需求促成了产品的多样性。

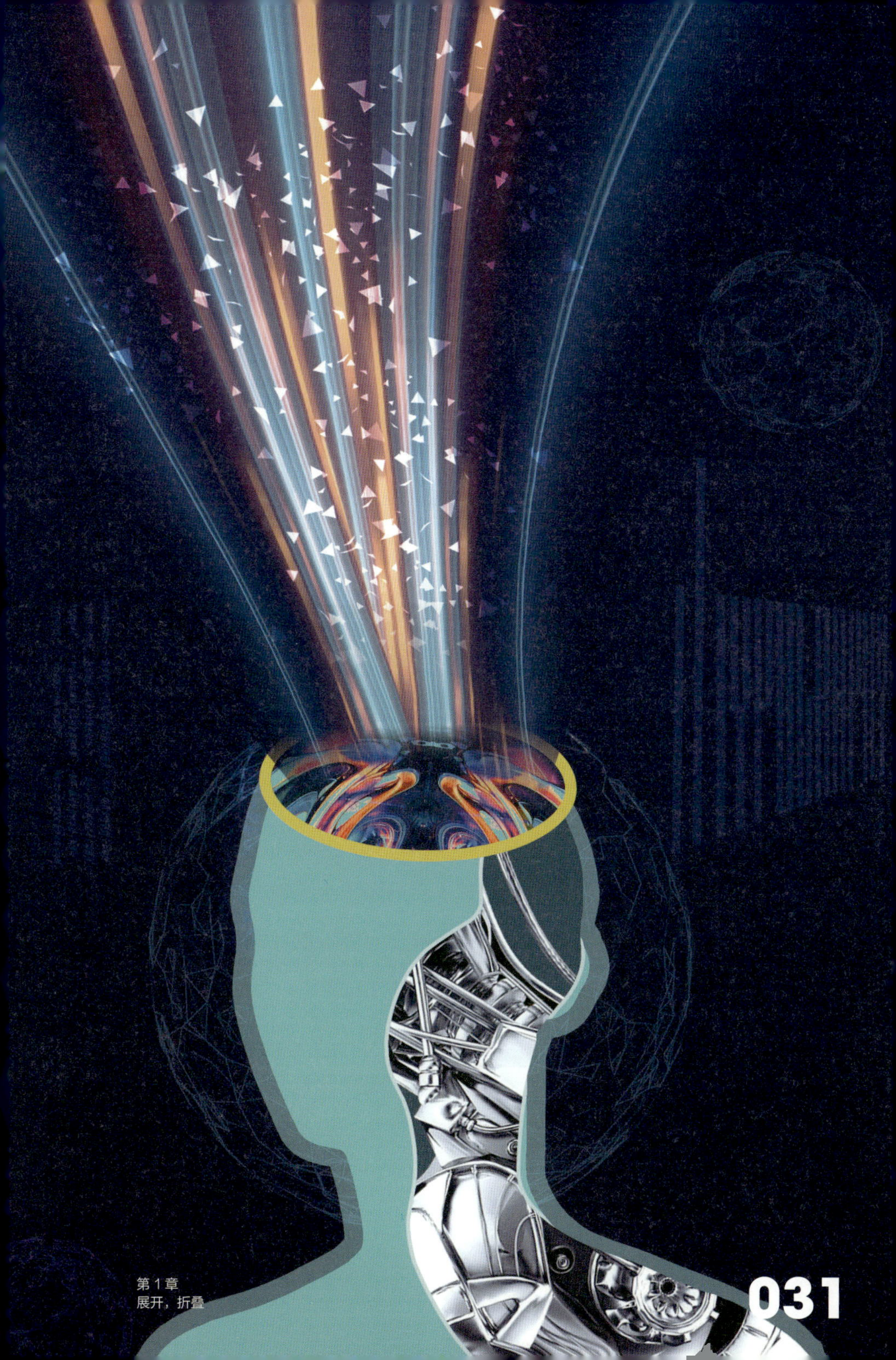

新中国成立后，我国由传统的农业社会转为工业社会并且快速进入服务型社会，多样性的工业发展方向，意味着社会需求正在不断增加。从电子组件、机械设备到各种模具，不同的产品由不同的零部件组成，所以在此期间，形形色色的产品“充斥”整个市场，好比一片盐碱地突然长出各种奇形怪状、色彩斑斓的花朵。不过，在这片花海填满这片盐碱地前，还不能用繁荣茂盛来形容。

1998年，国际金融危机席卷了很多国家，脱序的产品思路产生了崩塌，新的工业形态开始出现。标准化、轻型化的公司结构成为主流，商业巨头联合制定了很多行业标准，这使得多样化的产品有了统一规范和制式，也使得产品分工更加细化和专业化。许多需要密集劳动力的企业来到东南亚地区寻求合作，以获取廉价劳动力。他们将已细分为部件的产品的生产再分出研发、设计和加工等环节，由不同部门或独立公司完成。地域不再局限于小范围，而是拓及全球。随着高速且高效地获取信息成为可能，以及关键货物成为企业新的必要成本，快递的需求也在此时激增，标榜24小时内实现从亚洲运输至美洲的美国联合快递公司，成为世界500强企业。国际贸易不仅是货物的交换，也是知识与创新的交换。碎片化的零部件与技术的交流，使跨境车辆组装成为趋势。这样做不仅能够减少国际运输关税，也能够实现更低成本的制造和研发，促使新的技术与服务快速落地，并带动区域工作机会增多及人员工作技能提升，还有助于改善全球金融过于集中等现象。然而，这种多样性也导致了企业间的能力差距越来越大，使市场呈现大者恒大的局面。中小型企业成为以劳动力输出换取微薄利润的生产工厂。缓慢累积的物价膨胀，以及为冲抵原材料价格攀升导致的利润减少，使偷工减料等不法商业行为充斥整个市场，市场也开始了新一轮的淘汰赛。

05 四通八达

产品经细化分工再加工组装而成。限定的标准与规范，使得行业的产品有了统一的标准。随意散落的种子，如果在生长的过程中有外力将其捆绑为一棵大树，那么它们将往一个方向生长。周围那些没有被捆绑起来的植株将不被照护，它们会渐渐消亡并退出。当商业路径只剩下为数不多的几个分支时，如同每日的早晚高峰，即便有完整的规范，也仍然会有意想不到的情况发生。当彼此不存在直接的相互关系时，这条路或四通八达，或曲径通幽。当达成一致的标准时，一个极微小的事件便能影响全局。

在河北一处台地与山脉交界的偏乡，当地果农所种植的梨子特别香甜，且果肉细腻、水分饱满。然而，梨子的果实原先并不是这样的，原来的果实不仅果肉酸涩无味，果形小，而且表面粗糙难看。每年初春时分是果农一年中最忙的时候，有经验的果农会拿着长柄短口的花卉修剪工具，在每个可能产生花苞的树枝末梢整齐剪出一个45°的斜角。之后，他们将另一种植物的枝，如苹果枝，以斜角匹配斜角的方式与梨树的树枝结合并固定起来。待到春暖花开时，新的树枝开花结果，一种香甜可口的新果实就此诞生，这种方法称为“嫁接”。也许，这时候的果实已经不是梨子了，而是一种我们从未见过的品种。但是，这种嫁接方法改善了果实的口感，也提高了梨子的市场接受度。同样的道理，脱离多元化的商业大树，也展示出了一套如嫁接般的新产品链条：以中央主干为轴心，在末梢结出了各式各样的“果实”。紧紧捆绑枝干的制约条件出现奇异的变化，中小企业开始转型成为更加灵活的定制化服务供应商，以迎合刁钻且求新、求变的需求市场，却又不脱离中央主干。2010年1月，位于北京中关村的鼎好商场没落，这里曾经有无数青年的科技理想与奋斗回忆。

一个贩卖计算机组装零件的中年人，虽然身形早已不如当年，但其坚定的眼神流露出的是30多年积累下来的专业能力。20世纪70年代初，第一个微型处理器的出现改变了仿真与数字信息的比重，这对计算机的发展影响比较大。随着处理器能力的提升，计算机不再单纯用于商务和办公，多媒体娱乐需求成为新的机会。因此，新的商业模式兴起，而计算机这条改变人类生活的重要赛道，使科技的巨轮快速向前跃进。计算机这条主干，分散出多个重要的零部件枝干，包含中央处理器、声音与图像处理器、主板、电源供应装置和鼠标键盘等，使用者可根据自己的要求及喜好进行配置。因此，独立的零部件生产商所制造的产品，不再是一个半成品，而是重要枝干上的零售商品，由公司对公司的工业电子市场逐渐转型为消费电子市场。

此外，同一家供货商会将独立枝干上的商品，根据不同的市场与消费者进行微调整，一品多销的商业模式打开了闭锁的单进程线条。汽车行业也是如此，汽车不再是单一生产线上的产品，同一种车型的汽车可能有不同的配置和功能。同时，不同的汽车可能会采用通用的设备来延长生命周期，这不仅降低了研发成本与库存压力，也能够灵活地满足不同消费者的喜好和需求。

想让面包具备松软且湿润的口感，必须有良好的发酵过程，那么酵母就是关键。一丁点酵母，只要有合适的环境，就能使体积比它大上数百倍的面团逐渐扩大数倍。一个事件的发酵也能够影响整个行业，而行业与行业间又会相互影响，直至整个环境发生变化。汽车的出现使得道路交通发生了变化，从马车时代的人车混流演变为现今的人车分流。以交通工具为主干的多样化道路不断改变着交通模式，专有道路（如自行车道、公交车专用道等）提供了使用不同交通工具所需要的道路形态，直接降低了道路的复杂性，也降低了不同类型的交通工具行驶时产生的不协调性和潜在的危险性。新的道路样貌产生，新的设施与规范也随之产生，如安全岛、地磅站和转弯区等，均根据不同的场景和需求做了相应的配置。有趣的是，人们不断地寻找短而有效的路径，却又在某个时机或困境出现时展示出了多样性的本能，这是一个不断循环的过程，或许与在不断犯错中找寻纠正错误的方法一样，既矛盾又合理。

06

物超所值

消费群体可根据性别、年龄和喜好来分类，不过最重要的依据还是经济能力。一件服饰在品牌设计、原料和生产等方面都有其对应的消费层次。1975年成立于西班牙的ZARA服装品牌，将时尚设计与大批量生产相结合，打开了平价的市场大门。不过，该品牌却无法与奢华或精品沾上边，一句“哎呀，撞衫了！”，道出了消费者求新求变的心理状态，以及一种不愿与他人相同的特别心理。然而，一些奢侈品牌，如Louis Vuitton、PRADA、HERMES等，产品数量稀少，且拥有的客户也少，所以其消费者不容易撞衫，而且其在价格上也有着更加鲜明的消费层次。

不论精品服饰，还是大批量的快销服饰，若“称斤掂两”地比较两者的原始价值，其实没有太大的区别，但两者的单品价格却有着巨大的差距。形成差距的因素很多，主要有品牌效应、目标客群等，但其中最关键的还是设计。一块腐朽的木头被木匠雕刻成精美艺术品后，其价值就会水涨船高，而未经打磨的钻石价值往往不高。

人类对于美感的追求是从什么时候开始的，目前已不可考，但我们可以看到，动物的基因中似乎就存在着这样的倾向。雄性孔雀天生就懂得展开身上的羽毛来吸引雌性孔雀的目光，色彩鲜艳的景象会吸引目光或对周围环境起

BRAND

到提升作用。这样的思维也“感染”了电子行业，以功能为导向的电子设备开始了新一轮的转型。1995 年，微软公司推出了 95 版操作系统，使生硬的代码指令通过图像化的方式与用户进行互动。通过办公软件，人们能够快速地编辑文档，并且可以很容易地修改排版方式和字体等，而浏览器的应用使得获取全球的信息变得轻而易举。这个转变已经超越了物理属性所提供的价值，也可以说是一种赋能。每年不断迭代的软件版本，使得使用者必须付出更高的代价来获得虚拟价值。也许这与服饰的设计思想略有不同，但其本质上只是为软件附加了一件价格不菲的“隐形衣裳”。

设计的感染力并没有因为拉开了消费层次或激发了消费者新的需求而停止脚步，它渐渐地由群体影响扩展到个人影响，一种可大可小的新商业模式——定制化产生了。定制化是指按消费者自身要求提供服务，它涉及各行各业。金融面的股市投资、理财产品、基金债券等，个人面的健康寿险、风险管理、遗嘱委托等，实体设施的附加项（如定制化汽车、首饰甚至遗传基因编辑），等等，都能够通过定制化的模式为单一客群提供唯一或数量极少的定制化服务。然而，一系列的设计附加值和虚拟价值，使得实际价值不断膨胀。网络技术的持续创新、带宽的增加和费率的下降，使通过网络实现财富交换成为常态。多数进入大型购物中心的人，在面对琳琅满目的商品时，会产生一定程度的非理性消费，同样，在面对海量的在线商品时，人们也总能在任何搜寻与推送中找到大量感兴趣但又不是必要需求的商品。因此，新一轮问题正在产生。

07 代价

热带雨林有着非常适合动植物生长的环境，物种的多样、生态的平衡以及天然资源的充沛，造就了热带雨林的繁盛样貌。从宏观角度看，热带雨林有非常良好的环境根基，但从微观角度看，热带雨林危机四伏且处处皆是陷阱。在一个有庞大数量物种的环境中，任何一个物种的消亡都很难被察觉。因此，人类只能通过时间变量来发觉热带雨林的锐减甚至消失，而这些变化积累至被发现时，有可能已经到了人类束手无策的地步。

多样化的市场使得消费者很分散，不容易被量化统计。所以，物质与财富之间的代价权衡出现了问题，将产品变成废料进行再加工是当前备受关注的环境改善方法之一，但是，这种方法需要更大的能耗和代价去判断其是否有用。有用的原料可进行下一轮有限范围的制造，而无用的原料将成为永久的废弃物。资源不会增加，只会不断地被消耗直至消失。当消失无法得到补偿时，看似多样化的环境，就如同热带雨林，会提高环境挑战率和随机事件发生的概率，从而导致淘汰率非常高。

2003年，由于以色列与巴勒斯坦的武装冲突，中东地区陷入了区域警戒状态，导致石油原料价格飙升，国际原油价格指数屡创新高。这直接影响了全球能源产业和机械动力的成本，也迫使生态进行了新的调整。调整产生了剧烈的产能滑坡和振荡，使经济发展水平大幅度降低。

随着时间的流逝，居高不下的物价和有限的财富渐渐成为常态，而这从宏观角度看，就如同热带雨林消失时生物被迫迁移或缩小生活范围。例如城市的购房压力变化，十年前与十年后，压力并没有随着时间的流逝而变小，相反，人们可能需要付出更大的代价来换取有限的资源。

不论燃油，还是原材料，均使得运送成本及机械动力成本提高，也导致粮食生产的成本不断上升。水稻种植工艺源自中国，而现今的稻米相较于过去的稻米，已经发生了本质的改变。超过一万年以上的驯化与改良，才使稻米有了今天的高产量与低病虫害等特性。生活中的诸多食物，为达到相同目的，需要经过不同的改良工序。蛋白质、碳水化合物等，是食物的重要营养成分，但对于食物的界定，人类的视觉有时候会凌驾于食物本身的成分上。记忆中的西瓜摊贩会在顶棚上放置一台小型电动机，电动机的转子上系有对称的红色塑料绳。当转子缓慢地转动时，塑料绳会因为离心力而转动。西瓜的糖分与散发出的气息经常会招来苍蝇，而缓缓旋转的红色塑料绳则是驱赶这些昆虫的有效工具。数十年过去了，我们已经很难见到记忆中的这些场景了，那些“纠缠”西瓜的苍蝇似乎也变少了。或许是因为昆虫数量在下降，又或许是因为它们不太认识眼前的改良西瓜。现在的西瓜似乎少了熟悉的泥草味道。当然，过多的变化会令人混乱，而时间会逐渐淡化记忆，使人渐渐迷失于形与质的探索当中。

实体经济的衰退对生活需求产生了冲击，对硬件设施也产生了严重影响。人们必须付出更大的代价换取资源，其消费行为受到环境的限制，这使人们逐渐恢复理性消费。不过，已存在的多样性却成为环境的负担，供给和需求失衡，无法恢复良好的匹配关系；市场机制逐步淘汰过剩的产能和过时的需求，生产型企业停止运作，造成人力市场需求锐减、工作机会匮乏、薪酬跟不上物价，全球经济形势更加严峻。

困境如同一种考验，而匮乏和欲望本身又相互矛盾，有限的资源和无限的需求之间的矛盾亟须解决，如何有效或是更有效地利用资源成为突破困境的关键。2009 年，美国洛杉矶大学的几位好友成立了一家名为 Uber 的互联网公司，其主要业务是提供私有车辆的乘车运营平台，私人车主通过互联网平台在业余时间提供乘车服务，并获得相应收益。当新的路径被打通时，近似概念会大量出现，如出租闲置的房子或出租一个沙发床，再到出租不常用的摄影设备或电子产品等。

2013 年，北京大学校内开展了召集 1000 辆闲置或善意分享的自行车的活动。每辆分享自行车的后座后下方装有一个写了编号的牌子，以及制式化的简易车锁，这些自行车被称为“共享单车”。共享单车的出现引发了一连串名为“共享”的服务

RENT!
共享单车

模式，如共享充电、共享汽车及共享雨伞等。虽然可能大多数是以共享之名行租赁之实，但共享这个理念却实实在在提高了资源的利用率。不过，理念和模式终将迎来泡沫，因为无法与实体经济抗衡，共享经济崩塌了，同时还引发了另一个更大的问题——堆积如山的共享单车形成一座座“坟场”，在随意停放和道德放纵下衍生出新的环境问题。不过，当新的道路建起时，就不会有倒回来的列车，新的解决方案仍在路上。

08 重新定义

工业革命以来，机械自动化已经取代了重复性高且工艺简单的生产方式，机械自动化正在朝精细化发展。1983年，一台名为 SLA-1 的 3D 打印机出现了，这加速了电子工业的发展，集成电路得到强大的赋能。过去的单层加工转化为多层加工，使得范围不再局限于二维空间。多层集成电路成为主流，而且工艺越来越精细，被称为“芯片”的电子元器件诞生了。现在，将电路进行集成和封装的半导体组件都可以被称为“芯片”，并且它们的功能包罗万象。这样的浓缩能力大大减少了资源的过度利用，改善了整体社会形态，如工作、生活、科技等。

从生物特性来说，人类非常脆弱，而且反击能力很低。人类文明出现以来，人类便利用各种辅助工具，如武器、农具等，来完成人力不可及的工作。人类拥有强健的大脑，更善于利用工具和制造更有效的工具，所以能在自然生态中脱颖而出。工具有助于发展，但也有造成毁灭性破坏的风险。不过，任何一次变革都必定会对整个文明产生影响。

随着计算机科学的发展，电子运算能力不断突破极限，机械控制更快速、更细微、更精确。随着数学建模的算法和模拟生物神经元的神经网络系统的出现，一种仿生

3.1415

的机械智能形态问世了，这就是所谓的“人工智能”。人工智能的发展不能准确地溯源，但最初它被纳入混沌理论（Chaos Theory）。人工智能通过对重复性概率事件的统计，在杂乱无章中找寻规律或在较相近的规律中进行叠加计算，然后采用数学形式来描述一个特定事件在现象中出现的概率及规律。就像人类拿起筷子夹菜，每一次的想法、状态、准确性都有一定程度的误差，但这些误差在无数次的尝试中逐渐缩小。以人工智能为基础的机械动能不断出现，替代了以人类决策为基础的工作，如运输方面的无人配送、教育方面的云端学习系统，以及农业生产的自动化等。更有效率的时间分配及更低的人为错误率，将很快影响生态的方方面面。

不论智能化带来的结果是好是坏，它都已然在路上，而智能化导致的问题也渐渐浮现。大量的劳动力被取代，虽能取得很好的经济收益，但过剩的劳动力却成为社会问题。当然，新的问题需要新的方法来解决，通过产业转型，社会赋予的技能和学习途径也会发生变化。新的技能被贴上特定行业的标签，新的制度与规范正在形成。时间巨轮和有限的资源依然追赶着奔跑的人群，时间被压缩了，空间被压缩了，一切变化都不会停滞。这是一个大跳跃的时代，虽然生命有限，但历程中的状态变得越来越丰富，无限跨越的路径有着超乎常理的可能性。生命短暂，但一瞬间即是永恒。

Science Bubbles of a Geek Head

圆形物体影子的形状可能是矩形、圆形或锥形，这取决于观测的角度。每个实体可能由无限多本质合成，最终成为一个抽象构成物，而所构成的即为现实。

生物的演进与环境存在相互依存的关系，在特化的能力中，生物所展现出的是与自然的融合。生物通过对本质的理解，并与不同的状态进行结合，最终发展出一套与时俱进的识别方法。当然，这可能是一个模糊的结论，也可能是下一个连接的开端。

第2章 承载，牵引

01 超人物种

烟台的海岸线，一侧是垂直陡峭、缺乏阔叶植株且高不过百米的土丘，另一侧是由大小不一的岩块交叠形成的蔓延十里且没有尽头的砾石浅滩。岩块上布满天然产生的不规则孔洞，这是成分与密度不一致所产生的“崩解时间差”。时仰时俯的蓝绿色水面使高于水平面的物体犹如忽浮忽沉的孤岛，水波上升的峰值便是浪花的最高潮，拍击产生的压力的长期作用改变了海岸线的样貌并形成了多处特定的涡流。旋转的水流会产生巨大的向心力，通过一次又一次的旋转使悬浮物体最终落于涡流中心。

生长于海岸带的动植物皆有超人的能力，昆布是日系餐饮中经常用到的提鲜食品，它是一种生长于海岸带的植物，为了抵抗来自洋流和潮汐的冲击，其叶面特化出波纹状边缘及纵向片状结构。寄居于岩石壁上的生物，由于处在海浪迎风面与涡流发生地带，因此皆特化出了强大的附着能力，如甲壳类生物的尖锐节肢和软体动物的吸盘触角等。

为得到自然界的这些“超能力”，人类通过橡胶、聚乙烯、空气等物质制作出了功能型产品，如能抵抗切割、高温，有防滑效果的橡胶手套，能够适应不同地形并有减压、稳定和防滑作用的功能性鞋，以及赛车手穿的特制刚性麦拉纤维衣等。在载具方面，人类不断提出新的导流方式来减少迎风面的冲击，并且通过风压计算来使载具更适合路面行驶，从而减

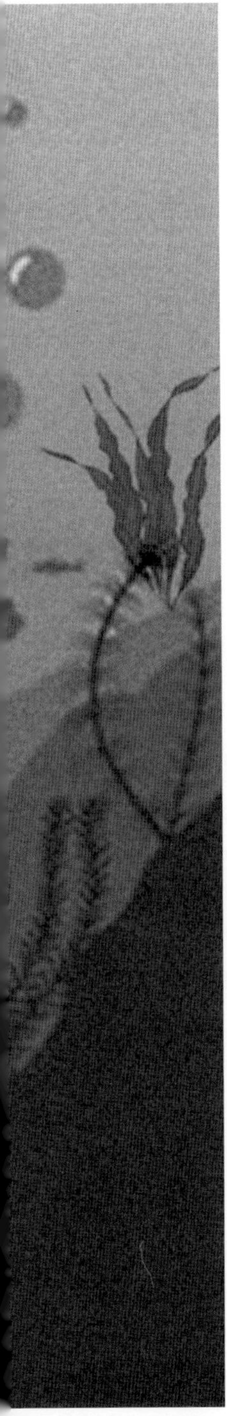

少驾驶事故。气流沿着载具表面的特殊曲线，由载具的上部和左右两侧向后延伸于尾部，交汇形成涡流，这样能够提高动力的使用效率。长扁外形配上左右对称的半球体是多数鱼类的特征，这是由其生长空间导致的特化形变。

鱼类的视觉能够观察360°的空间，而人类视觉的最大可视角度只有约190°，其主要原因在于二者所处的空间不同。人类行走于二维平面（地面）上，而鱼类在三维空间中活动，因此需要更大的视角来观察总体环境的变化。生存于三维空间中的老鹰由百米高空俯冲直下，蜷缩的羽翼如同倒拱的回旋镖，以与水平面垂直的方向最小面积穿入水中，两爪抓起一条离水面不到一米深、体形硕大且不断来回扭动躯体的鲭鱼，然后振起它那1.5米长的双翅飞入群山之中。老鹰虽无法达到全视角，但由于其头部形态尖锐且双目外扩，因而能够拥有大于270°的可视角度。不过，这并不是老鹰最关键的过人之处，其最关键的过人之处是视力平均为7.0以上，老鹰能够在1千米外清楚地看见物体，并且能利用灵敏的动态神经捕捉高速移动的物体。鸟类在高速飞行时会将一层硬壳状并且几乎全透明的瞬膜覆盖于眼睛表面，以起到防尘、抗压等作用。

为补偿不足或调整视觉，人类研制出了不同的功能型设备，如矫正近视与老花眼的凹、凸透镜，能调整焦距与可视距离的望远镜等。老式战斗机驾驶员必须依赖调整杆进行目标物的锁定与追击，而眼球追踪技术改变了传统的战斗模式。该技术通过辨识眼部的律动状态预测用户的状态和需求，并进行响应，达到用眼睛控制设备的目的。信息可视化——将不可见的信号、图像和声音等转化成可读取形式，可起到预警作用，如竖立于海岸线上的告示牌上写着的“前方水深危险”，以及交通广播传来的实时路况等。

非洲草原地区在每年的旱季与雨季来临时，都会有大规模的生物迁徙，群居的草食性动物根据草木的生长和时间变化形成移居循环。大象体态硕大，无法跟上快节奏的角马或羚羊群体，但它们仍然能够完成每一次迁徙，其原因在于，大象脑部有着丰富的皱褶和记忆区，能够记住一生当中走过的每一条路。其强健的树状神经元突触，也使得每个记忆区都能得到有效利用，但美中不足的是，它们的决策能力较弱。灵长类的猿猴有着放射状的神经元系统，虽记忆区不如大象的大，但思考速度和行为灵敏度却远高于大象。人类的大脑结构与以上两种动物的相似，但更多元化。训练可强化神经元与神经元的连接强度，使人类在反复行为中缩短决策时间，如运动员在有限的行为途径中可快速决策。思考的强化学习能将知识和知识快速堆积形成更趋于真实的思想表现，也可以从多维度的知识中萃取或创造出新的知识维度。

在自然界中，人类的身体存在很多缺陷，但独特的大脑训练系统，使得人类更擅长使用工具和创造工具——为加速抵达目的地发展出了载具，为更有效地提高产能发展出了农具和自动化装置。通过工具的发明和使用，人类不断超越原有的能力上限，不仅对人类本身赋能，也对工具赋能。

1891 年，瑞士人 Karl Elsener 制作了第一款多功能金属工具整合器，后被称为“瑞士军刀”。由于携带方便和常备功能齐全，瑞士军刀成为人们生活必备的五金工具之一。有改变世界的创新发明，当然就会有赋能失败的残次品，时间与时代会考验所有能力的适应性与合理性，正如石器时代的工具可能早已不符合如今的使用标准，如今也不再需要接线员。这是一场没有尽头的淘汰赛，即便是称霸地球的恐龙也会灭亡，唯有提高能力才能够存活在这资源有限的世界里。从创造到赋能，再进入迭代，这并不是一个循环，而是一条已经开通且始终未到终点的道路。所有人都在路上，路很宽阔，也很崎岖！

02

起点

人在平静状态下，会更加专注于环境细枝末节的变化，人的感官也会因为专注而更加敏锐。若处于闹市中，即使元素很丰富，人也很难发现更深层的微妙转折。在离散分布的大范围空间里，屋檐左前方的雨滴落在荷叶上，传来一阵低沉又富有弹性的声响；屋檐上的雨滴慢慢汇至边角然后落下，敲击在石子地面上产生“突波”，敲击在倒扣的水桶上则产生响亮的铜

锣声；池边几只青蛙传来不同节拍的合唱，这是一篇大自然的交响乐章，也是一位独坐窗边听雨少年的1998年。

在理想状态下，当一颗均匀的水滴垂直落于静止水面时，作用力会向各个方向发散。若传播介质为空气，则形成风；若介质为水，则形成涟漪。但不管介质是什么，形成的都是一种波，如果介质均匀且空间无限大，那么波会逐渐扩张，向各个方向的作用力也会渐渐变小。当水面出现涟漪时，从发生点到静止的最边缘处，每一次的波都会逐渐加大下一次波的两个峰值之间的间隔，且峰值会逐步下降直到水面恢复静止。波的传播中包含了空间的位置信息，若处在一个广阔无边且四周没有任何干扰物体的空间中，我们便能够清楚地知道是哪个方向传来的气流发出的声音。

听觉是人很重要的感觉，外来的波动传进耳朵使鼓膜产生振动，耳蜗感受到振动，并将振动转换成电信号，之后听神经将电信号传递给大脑进行进一步处理。人类的听力频率范围一般是20～20000Hz，人类对于声音方向的感知能力需要通过后天学习来不断提升。一位受过乐理训练的音乐家能够在复杂的交响乐中分辨出每个独立乐器演奏的内容。长期居住在森林中的人，当听到动物的叫声在群山中产生的回音时，能够辨识出准确的发声位置。有经验的驾驶员，能通过载具产生的细微异音，分辨出载具的故障，对可能发生的问题提前进行处理。训练有素的拳击运动员，通过拳头造成的空气压力便可判断目标物的位置，并完成接近直觉的闪避。因此，对于波的理解包含了位置信息，经过训练与分析，我们便可通过波的相位变化、合成、频率以及间歇式的发生频次，获得更加准确及完整的信息。

电磁波、声波、气流等都是波的一种形式，对波的理解和应用，是迄今为止最重要的发现之一。音叉的出现已不可考，但两个大小、造型、质量相同的音叉会产生共鸣，这种共鸣被称为“同频干扰”。利用这一原理，将两个能发出相同频率电磁波的装置分别置于远处，依靠二者的同频振荡便可实现远距离的信息传递，如广播频道和电视频道等。生活中有很多对这样的单进程传输的应用，如光敏电灯、声敏电灯、简易的机械自动化等。多通道的应用与收发机一体化，由过去的信息传递升级为通信，实现了交互沟通。通信由信息传递和反馈机制组合而成，这使得单向的信息传递变成双向的交流，因此衍生出沟通与理解。对于生物来说，相互交流是不断扩展词语含义的重要途径，而语言的复杂性和多重语意也渐渐发展了出来。通信使非生物也有了类似于生命的特征，在每一次的信息传递与反馈的变化中获得了最基础的自我辨识能力。比如，超声波通过每次的发送与反馈时间，来获取自身与物体间的距离关系。由单向发展为双向，由指向发展为全向，人类正在利用对波的理解与赋能建构一个超越人类感知的世界。

03 边界

慌乱地在一片钥匙堆里寻找一把自己也不清楚要做何用途的钥匙，周围色调显得有些灰暗，微弱的聚光灯打在屋内的几处角落，墙上的时钟仿佛不断快转又倒退。突然，一阵下坠感，犹如要掉进一个不见底的深渊的感觉，惊醒了睡梦中挣扎的上班族。日有所思，夜有所梦。虽梦境与现实并不完全一致，但某些事件却是有关联的。比如，仓促忙碌的生活会令人感到焦虑与时间不够用，那么梦境中可能会反映出一天的紧张，进而产生多个块状图像的拼接。块状图像与场景重建，呈现一个有细节漏洞、看似真实却不那么现实的环境模型。梦境会与日常活动叠加，从而出现超乎常理的事件与处理方法。最终，多数梦境与清醒时的回想令人感到不现实、有趣或恐惧。随着清醒时间的拉长，梦境渐渐由图像淡化为轮廓，直至不复存在。

人们通过色块的拼接和关联等来获得图像的样貌。不过，这些样貌都是高错误率的假象，这是因为人们看不清图像的本质。近距离观察印象派画作，会发现里面有非常多的细节漏洞，而这些细节漏洞代表着错综复杂的笔触、不合理的色块和模糊不清的边缘。然而，随着观赏距离的拉长，画作逐渐清晰且符合逻辑起来。

这样的差异就在于本质与现实的不同。人眼所见的现实图像都是通过物体表面光的反射产生的，同一个颜色在不同的光照强度与观测角度下会发生改变。实际上，视觉感知到的图像是多种色块交叠后产生的虚化图像。2014年，我收到一张由巴黎寄来的明信片，封面上印着一个类似于门字的全黑图案，通过这个黑影，我瞬间辨识出了熟悉的凯旋门。对图像的认知，并非来自色彩的差异，而来自这些差异的边界是融合的还是分离的。融合的边界就好像包含了红色与蓝色的紫色，而分离则是一种对边界的判断。当近看印象派画作时，这样一种边界判断被扩张和强化，而当远离时，却会成为一种协调。

因此，对于图像边界的判断能力其实是识别本质的能力，也可以说是一种视觉观察更加细化的能力。当然，图像并非由单一的边界构成，可能存在多边界的交集。边界越细化，对图像的理解就越准确。梦境与现实的图像不一致源自记忆中的多视觉图像的边界重组。这种重组使梦境尽管存在多处不合理，但仍能够重建一个虚拟图像。

这种边界视觉概念，并非只存在于生物的视觉系统中，对于各种波来说也同样适用。载具超声波装置的应用是最早的短距离机器视觉应用，即通过声波的发送与接收——声波在有效传输距离内撞击障碍发生的反弹现象，使声音接收器收到反弹声波。微型处理器会计算出发射与接收的时间，得到障碍物形成反弹的边界和空间距离。最后，蜂鸣器产生预警，以避免无生物视觉判断时可能出现的碰撞。无人机上装载的超声波传感

amazing!

器，也能实现对地面有限距离的测量。美国的战斧巡航导弹也通过类似装置，使导弹能够贴近地面50厘米飞行，达到隐匿行踪的目的。

波的形式很多，应用也不尽相同。电磁波的应用不仅给通信带来了改变，也使电磁波的机器视觉得到了很大的发展。电磁波扫描仪（雷达）通过指向性电磁波束的发射与接收，也能像超声波那样通过边界计算来获取障碍物的方位与距离。通过发射电磁波对目标进行照射并接收其回波，雷达绘制出大范围的图像边界特征，再结合现代通信的信息编码与标记技术，便能够十分准确地重建超生物视觉场景并进行可视化处理。

对机器视觉来说，光波的敏感度远超生物视觉的色彩范围。不同的光学传感器能产生且分离更广泛的光波。红外热成像仪通过探测不可见光来提取影像信息，即使在缺乏可见光的环境下，仍能探测到物体与热源。虽然因视觉的光谱感测能力不同而产生了不同的视觉特征，但世界仍处于一种平衡的发展状态中，不会有完全的优势，也没有完全的劣势。精准问题、适用场景及自然干扰等，都是划分能力边界与视觉边界的要素。

04

感官能力

感官的形态很多，各有所长，也各有所短。对于生物来说，感官能力是一种模糊意识的优化，每一次优化都会缩短下一次优化的时间。尽管缩短时间永远存在错误率，但这样的错误被视为混沌。由混沌获取规律的边界，当拉长时间与视角时，律动的不同轨迹被视觉边界极限所拟合，形成一个看似完整却并不完美的状态。每次的律动皆与上一次的发生点不同，在无数的不同特征中归纳出相同的集合，尽管这些集合本身包含了不同元素和成分，但从宏观的角度来看，这是一个共生现象或者说是一个混沌中的平衡状态。

由视点逐渐向视角极限模糊直至盲区，人类的视觉不管如何努力也无法获得脑后的影像。然而，听觉能够全方位获取信息，只是精准度不高且容易受到干扰。听觉和视觉在功能上并不相同，但从获取环境信息的角度来看，二者是相互配合的。人听到一辆汽车正从后方逼近时，会将目光转向后方进行确认并做出闪避行为。这一连贯的机制反映了感官的协作，而这种协作中存在两种感官能力的边界交集，二者形成一个整体。

如果两个不相关的个体的感官能力无法集合，那么这时的边界就会形成断层，这两个个体会成为各自独立的系统。正常人通过视觉获取文字或图像信息，但视觉障碍者却无法这么做，这时，特定的感官会变得更加敏锐。

1951年，美国一家机构研发出一款专供视觉障碍者使用的盲人点字装置。该装置采用图像排列解读法，在纸张上制作出有幅度的压纹，以使视觉障碍者通过触觉读取压纹排列所表示的信息。对于视觉无障碍的人来说，通过触觉辨识信息很难。原因在于，感知能力的丰富有助于人类获得更准确的信息，但感知能力彼此交叠的边界也存在干扰，而这种干扰使感知能力指向特定的逻辑框架。一幅玫瑰花的画，换个角度看可能是几个模糊猫影叠加形成的图案，而不同的观测角度与学习有关。

刚出生的婴儿不能很好地表达内心所想，会以安静和哭闹的方式来表达情绪或需求。幼儿时期，他们需要通过学习来逐渐理解群体社会的行为规范及纪律。随着学习的深入和知识背景的叠加，他们分辨事物的能力也逐渐提升，他们开始产生对事件或实物的想法及判断。他们通过多维度的分析获得系统感官外的可能性，并且渐渐深入探索本质的变化，从本质中抽离出特征并与知识背景相结合，从而获得超视觉的图像。

一首歌道尽淡淡的乡愁，令听者思乡情绪油然而生，这或许只是某个熟悉的旋律结合了听者相关的背景而产生的异象。一片广阔的草原，一阵夹带淡淡泥土与青草味的清风，就会令人感到平静。当看到太阳渐渐西落，听到远方传来阵阵低吼时，人就会惊恐与担忧。这些反应都是结合知识背景所产生的超感官能力。所以，感官获取的是系统回路中呈现的综合结果，而背景条件展示了结果的多个“面向”。最终，人会从层层的“面向”中，抽出最合理且有规范的结论。

05 个体

获取能量是任何形态的物质或物种存在的必要条件。物质由于获取能量，产生了牵引力，逐渐形成了新的样貌。例如，一文不值的炭末与价值不菲的钻石，二者在本质上并无区别，只是能量的聚集方法不同使得它们相同的本质发生了变化。因能量聚集方法不同，同一物质的形态与能力会产生巨大的差异，这些差异是由不同维度的叠加造成的。正如人们并不容易从层层堆积的图像中抽离其中的素材，但能够从结构松散的堆砌中找到适合剥离的起始点。

2010 年，诺贝尔物理学奖得主通过机械剥离法成功地从石墨中分离出了单层的石墨结构——石墨烯。与以碳为基底的钻石一样，石墨烯也由立体晶格结构组成，质地坚硬且负载能力远大于石墨。单个物质逐渐汇聚形成聚类，不同的聚类发展成物体，物体与物体的结合演化为生命，不同的

生命呈现多样性的生态。在这些由简到繁的过程中，不同维度的能量汇聚在一起并牵引物质形成多样性的变化，若这些变化的终点是一个个体，那么这应该就是生命最初发展的过程。若这个变化的终点是一个峰值，一个缓慢的凝聚过程的顶峰，那么在到达顶峰的瞬间，凋亡便会发生。这种凋亡并非指消失，而是指回归初始状态。

石器时代的人们将石片打磨成利器，以提高伤害能力和生活便利性。细长木棍与利器的结合，除了增加了安全防护距离和捕猎的伤害距离，还使捕猎者获得了远距离攻击时的投掷技能。利用植物或动物外皮编制的绳索，具有高韧性植物的弹性，可以用来制作发射型工具，这快速提升了人类的存活能力。

在进化中，彼此独立的个体通过连接形成新的应用，而这是一个缓慢且冗长的过程。生物的发展也是如此，单细胞生物发展为多细胞生物，而多细胞生物的持续变异产生了物种的多样性。不论生物还是非生物，多方的融合是必然的推进过程，而融合的维度、密度及类型的复杂性，均会直接影响形态的强健能力。思想也一样，单进程的思想线条很难理解自身知识范围以外的事物，而多维度的思想则可以多元化地理解事物本身。从不同中提取特征并探索将有相似特征的事物结合起来的方法，就产生了创新，创新不断迭代，进而形成庞大的关联聚集。这样的关联聚集将不断扩张，即使人类视觉无法感知到，这一切变化也并不会停止。

在峰值到来前，这种聚集会不断地叠加，如同一座通天巨塔越盖越高直至崩塌，又会有另一座新的巨塔耸立。最终获得的并不是物质或能量本身，而是一种互联的规律和方法。

06 连接

烈日照射在汪洋上，上升的温度使水由液态转为气态并飘散在空中，渐渐凝结成云雾。风推动着云雾漂移，穿过大海与都市，越过山丘，最终停滞于大山之巅。云雾形成更紧密的结合，由气态再次转化为液态，并伴随着“光束”开始落下，这是夏季常见的午后雷阵雨。街上奔跑的人们依旧不了解天气的变化规律，这都是短暂的，一会儿阳光便会再次穿透云雾，云雾的每一处间隙都会射出一道温暖和谐的光，犹如天人下凡。雨过天晴，雨滴汇聚成河，河水奔流入海，循环不息。独立个体的变化，存在一定的规律，自然界中并没有独立的存在，各个事物均是相互包容与牵引的结果。任何一个变化都不是局部问题，而是连锁事件。不过，不论如何变化，最终

都会回到原点，如雨滴最终会回到大海中一般。这是一个信息传递的过程，本质一直存在，从中获得的是开始与终结，再开始与再终结；传递与接收，再传递与再接收。

万物始终相互连接，看似复杂却有规范，从生物圈的角度看，动物与植物有着相同的生命特征。例如，一个苹果在被咀嚼后被撕成碎块，消化后变为更小的糜状，经肠道吸收转化为生物所需的能量，能量最终回归土壤，并开始下一轮转化。这层层的转化都是有规律的过程。从科学的角度来看，能量始终保持恒定，差异在于过程。在不同的过程中会短暂产生新的形态，这些形态的变化夹带特定的信息，这些信息又是构成形态的必要条件。变化所产生的信息并不是所有不同的个体都能够理解的，但即便不被理解，其回归终点的路径也永远无法被阻断。

过程产生信息，信息则藏于每个变化的节点之中，通过恰当的桥梁连接来被理解。生命的构成顺应环境的改变，即便看似与环境毫无关联的个体，也在用某种无法解读的方式占据着有限的环境。在一条平整的路上突然出现一个小石块，若路过的行人没有察觉，便会被它绊倒；一辆高速行驶的汽车，在经过颠簸路面时没有减速，便有可能造成连环车祸，这些都是信息缺失导致的问题。所以，无法解读不代表不存在，只不过会用另一种方法获得连接，这样的连接经常在无法预料的时间和空间发生，同时也可能会导致消亡开始。因此，为了避免产生问题，也为了助力发展，学习解读信息很重要。

信息的获取、解读和反馈是一个需要消耗时间和能量的过程，同时也需要通过积累错误与传承经验来不断优化连接的路径。对于未知的事件，人们会通过各种方法进行多维度的试探，以获取可行的方法，并进一步从可行升级为更加准确、快速和有效。一个人一生当中能够遇见上万个人，能成为朋友的却很少，所以在有限的能力与连接中获取最大且最有效的信息桥梁，是生物不断进化的关键。对于机械装置来说也是如此，最有效的能力结合及最大化的资源利用，可以形成一个生态网。在这个生态网中，每个独立个体都是自身世界的中心，个体获取的正向信息越多，就越强大。当然，不仅个体在发生进化，信息包含的方方面面也在优化当中，并最终会到达相同的终点。

灵魂是赋予生命特征的要素，也是最虚幻的形式，最初的细胞形态仅存在生长和永生两个目标。这是两个背道而驰的目标，但在行为上并无对错。供人居住的房屋，即便拥有偌大的玻璃窗与精美绝伦的水晶吊灯，本质上也无生命的特征，也仅是提供居住功能的工具而已。但是，如果这间房屋会依据环境做出改变，如阳光太强烈时会自动关上窗户、根据天气冷暖自动调整温度等，那么这样的目的性与不断改变连接形态来达到最佳状态的能力表现，便赋予了房屋生命。生命是一个综合的说法，是将某个载体注入驱动核心并使其达到某个目的的综合体。不过，这并不是其绝对的优势，在达到特定目的时，它必须规范行为，而这可能会使优势成为劣势，同时也会使相同载体呈现不同的性格样貌。

15 世纪新大陆的发现，为海上贸易与新大陆垦荒带来了新的航道。当破除旧的生活方式而迎来并不熟悉的未来时，摩擦与排斥不可避免。因此，新大陆在垦荒时期并不和平，存在长时间的冲突与对立。宋朝时期，宋、辽在边界设立榷场，为税务、商贸的发展提供了平台。不同文化、种族在此地融合，虽边界战事不断，但也打开了一个新的共荣窗口。渐渐地，辽人能够接受非游牧的城市生活，开始着汉服及学习礼教，汉人也精进了骑射技艺。为了达到特定的目的，这些连接需要有弹性地优化及取舍，需要逐步寻找一个合适的支点来打破隔阂。为了连接得更加协调与准确，需要不断地进行核心能力的训练与强化。只有拥有强大的核心能力，才能够良好地驱动载体去实现目标。

07

呼应

活着与存在的证据是自古以来众多学者共同探索的目标，不同专业领域的学者对此有着截然不同的看法。其中著名文学家笛卡儿的经典名言“我思故我在”家喻户晓。思想，可能直接影响生活能力。通过思想来分析、做出决策，并从中萃取元素或创造元素，并不是一个单进程的道路，而是一个环状区域，有多方信息与记忆在此绕行。思想是内部循环过程，其中包含了不同的物质形态与路径选择。思想在不断地放大信息的内容，并以知识与经验为工具去深入地解读这些信息所包含的本质。因此，如果具备更丰富的背景知识和经验，那么探索信息的深度与维度就会更清晰，不过这也会形成更多的复杂碎片。所以，或许探索得更深，对真实世界的了解并没有更大的意义。

1974年，阿雷西博射电望远镜发出了一串由1679个二进制数字组成的信号，这被称为“阿雷西博信息”。从那时起，科学家与天文学家便在探究人类是否是宇宙中孤单的存在，而这个信息至今没有得到有效的

共识
思想
规则

反馈。随着研究的深入，宏观理论也开始探讨更小、更细致的问题，并在信息的传输与反馈中进行修正或确定。

一个声音由远处逐渐接近时，会使接收者提高警惕，并思索可能发生的潜在问题。当道路信号灯由绿灯转为红灯时，接收者脑海中浮现的可能是事故的模糊影像和曾经历过的疼痛感，或是失去肢体与财富的恐慌感等，这些迫使接收者停止前进。这些信息的交换限制着思想，从而抑制了内核与载体，使得群体实现平衡的共存生态。人工智能通过赋予机器人自我思考的能力，使机械能够部分取代人类。或许在未来，机械也能够与人类一样。不过，任何的智能表现最终都不是独立的唯一表现，必须通过标准的规范进行限制和约束，使个体与个体间产生正向的协作与平衡，这样才能形成完整的生态体系。

不论生物还是非生物，都在运用新的或现阶段想象不到的方法来产生群体之间的共鸣。这是一个巨大的连接网络，里面每个独立个体都是世界的中心，所以每个个体都有权利获取任何信息，其差别在于获取量的不同。失去信息接收能力的个体将被淘汰，即便其拥有超凡的个人思想。当然，思想与行为本身也在不断地修正这张网络的织法，但最终均未脱离原点。开始也是终结，过程是一条条四通八达的道路，即便不想前行，也会被迫前行。

Science Bubbles of a Geek Head

第3章 计算的力量

世界上没有绝对的好与坏，只有适时而变的考虑。越看不清深渊，就越想记住每个细枝末节。这是一个混杂的大染缸，我们无法厘清每个色块的变化，却能够发现潜在的趋势。

由于对未知世界的敬畏，人类开始探索更接近未来的方法，将不可预知的事件与现象抽象化，并用科学的方法描述成可定义的标记。每个标记都是融合体，并不完全准确，但能够将可能性指向新的方向，最终于混沌中见证规律。

01 卦

早在人类文明出现前，就已有占卜雏形，可以说占卜实际出现的时间是生物开始有决策行为的时候。商汤时期，由于对环境认知不清晰及对未知世界充满恐惧，人们通过焚烧龟壳来获取未知信息。焚烧龟壳时，由于水分散失与碳的转化，龟壳会崩裂并产生新的纹理，尤其在龟壳腹部更加明显。这些纹理形成大量的交汇点和独立线条，有点像多个文字块拼接而成的图案。占卜师会依据形成的图案来判断，并提供一个笼统且缺乏考证的解读。不论真实性如何，这种解读都对未知的问题起到了一定的警示作用。

5000 多年以前，古埃及的石板上就已有象形文字的痕迹，那时的人们通过将事物转化为图形来提炼具备记载能力的文字形态。每个文字形态的出现，皆包含着当时的人们对世界的理解和定义。将不同文字形态拼接起来，便产生了更加准确的形象逻辑。例如，海豹这个名词可以拆解为海和豹两个独立字符，仅用海或豹无法更准确地体现这种生物的样貌或特性。海洋是一种自然形态，最容易使人联想到鱼类这样的水生生物，鱼和豹的结合也更加符合这种生物的实际形象。那么，为什么是海和豹呢？因为一个多文字形态拼接的词语或句子，实际上是在尝试引出另一个更加明确且形象的事件、物体或思想。所以，在单一或诸多背景下发现有关联的特征，并且做出综合性的决策与判断，即是占卜的中心思想。

《易经》包括《连山》《归藏》和《周易》，现存的只有西周时期的《周易》，另外两部已经失传。《易经》传达的思想精髓万变不离其宗，那就是卦。卦由图形排列而成，且可以衍生

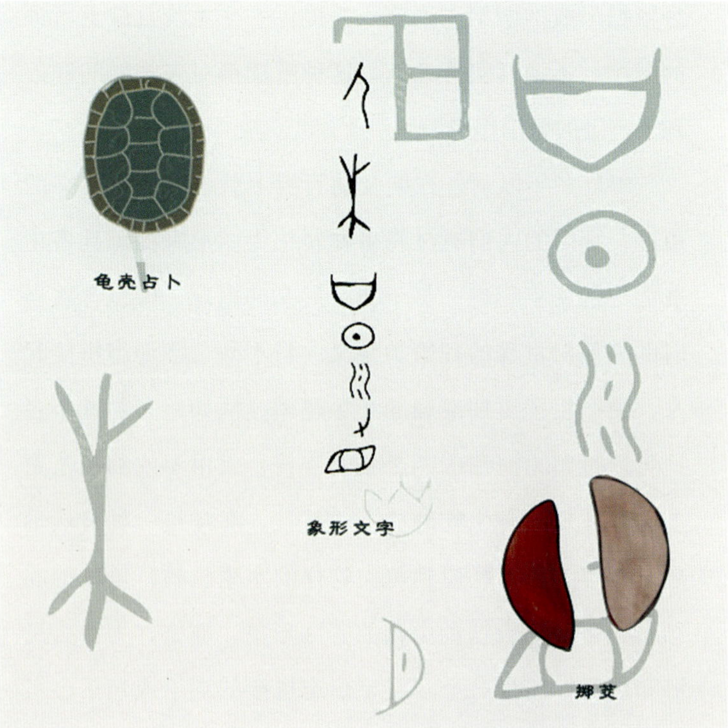

出多元的描述内容，获得卦的方法即为卜。卜其实类似于概率推算，通过统计、排列等形式给问题提供一个解释。当然，这个解释经常比较模糊或者只描述一个思想框架。这个解释会因占卜师的思想、地位、能力和执行任务的不同而不同。中国古代的掷茭以将两个形状相同、皆两面各异（一面平、一面凸）的物品掷向地面时获得的结果总和为界定（一平一凸为是、两平为无效、两凸为否）。寺庙中有一项传统的服务，那便是求签。有心愿或困惑的人经常造访寺庙，通过求签的方式来寻找答案。

占卜、掷茭和求签三者有着相同的过程，即通过理解复杂的背景和需要探究的未知问题，提取概率出现的特征并且加以整理，再结合真实的条件来产生答案。这是一种交集深化方法，通过叠加不同时间与空间下获得的反馈来寻找交叠区域。因此，不同的独立事件越多，就越容易发现所有事件可能的交叠区域。舍去概率低的内容，保留概率高的核心区域，再由核心区域向外逐渐扩展，这样对问题的了解就会更加清晰且更有逻辑。如果仅由零碎信息来拼凑一个完整事件，则非常困难，这需要花费极长的时间与进行大量的计算。

比如，我们听到远处有一阵轰鸣声，看见一个反射出金属光泽的物体，便可初步判断是一台机器在工作。随后我们逐渐接近目标物，图像越来越清晰，轰鸣声也越来越大。最后我们抵达目标物旁，发现是一台重型挖掘机在工作。这种逐步接近真实的逻辑即为交集叠加产生的概率，如果不是听见轰鸣声，我们很难在远处知道机器正在工作，如果不是看到了物体，我们很难知道实际物体是什么。思想本身就是一种博弈，在每个问题点上探索其特有的本质，然后察觉、推断、分析和证实，这就是科学发展的轨迹。

02 阴阳历法

夏天持续的高温使人焦躁不安。当枝头上的绿叶渐渐由深绿褪为青黄时，原本繁茂的景象转化为一片柔和与慵懒。白昼渐短，黑夜渐长，片片树叶垂落，凛冽的寒风带来冬季的第一场雪，为大地穿上一件棉袄。喜鹊展翅飞翔，冰层开始融化，老树发出新芽，春天来了。四季的变换年复一年，依循相同的轨迹，带动生命瞬息万变。但是，即便是相同的循环，万物也早已不是当初的模样。

2009 年 8 月 4 日，一场台风席卷东部海域。由于这里长年生长浅根植物，而且当地的人们缺乏水土保护意识，因此这里的山区多处出现泥石流和道路塌方，造成了严重的经济财产损失。一座位于山区的小村落更是在泥石流与洪水的双面夹击下惨遭“灭顶”。不过，种种灾害与损毁都是高概率的结果，高报酬必定存在高风险或高门槛。过度的变革会被下一场洪流颠覆，洪流之后又会回到平静。

人类社会也被特定的框架制约着，原因在于紊乱的行为无法实现核心价值。生命是一张巨大的网，而这张大网也存在核心思想，如群体意识、生存和知识等。核心思想的扩张使得更多微妙的变化被认可，而这些变化实际上是对核心思想以外的次级条件的优化，但这些都无法逃离核心思想，所有试图干预核心思想的行为都是班门弄斧，会在下一次循环中被消除。因此，人类组织性活动存在一套制式化的规范，例如公历纪年。

公历纪年将一年分为365天，并约束每个时间计算的标准。这样的制约，并不是自然所有的，而是人为施加的。这恰恰弥补了混乱的群体环境造成的结构缺陷，为人类社会构建了一个基础平台，所有遵循核心思想的事物都能够在这个平台上共存。机械也一样，不论是多样性，还是多变性，都要符合核心思想，否则一切能力都没有意义。

“人造思想”与约束是维持社会平衡的重要核心，但并不完全符合自然标准。月球对地球的作用使得潮汐发生改变，近海生物能够深入河海交界处觅食，而海水涨幅变化则会带动海水周期性流动。春分下秧，秋分收成，冬去春燕归，这是自然的核心。依循这个核心的自然时间被我们称为“农历”或“阴历”。阴历是人们普遍认可的历法标准，通过用日、月、星辰的变化对应自然现象的转变来记录时间的周期性。违背以自然为基础的核心思想，必会遭到严厉的惩罚。核心思想不是一张平面的网，而是多维度的综合扩张体，不仅需要符合人为的规范，还需符合自然法则。每一项法则都不是单一进程的标准能够实现的，尤其在社会组织中。这已经超越了生命所给的生存限制，在更多维度下，人格、信用等都有无形的价值，会影响和约束人的行为。

03 数学

量的衡量方式，自人类有思考能力起就存在。人们面对蚂蚁时可能没什么感觉，但站在一座高墙前，就会备感压迫，若面对的是一片汪洋，估计会感叹无限。人们早期对量的理解是非常直观的视觉感受，是由物体的大小与距离组合而成的。孩童大多怀有能够随手摘下星星与月亮的纯真想法，但实际上，月亮的直径大约是地球的四分之一，而多数视觉能观测到的星星为恒星，其直径比地球大好多。这些误判来自视觉的综合落差及衡量手段的缺乏。视觉、距离和大小都无法很好地获取现实环境中量的准确定义，这是一个综合维度的合成事件。在丢球实验中，伽利略将两个相同密度、不同大小的铁球，从比萨斜塔的顶部扔下去。他发现，两个铁球的落地时间是一样的。可见，物体的体积大小不是绝对的判断指标。因此，感官所理解的量是虚拟的值，且隐藏很大的未知问题。一万年前的山洞壁画中已经出现了以图像计量的计算方式，而非形象的字符记载出现在古埃及早期。数字的出现，使得古埃及在建筑、运输和科学等方面处于领先地位。

数字的出现使得量有了规范的定义，秦始皇颁布的度量衡统一制度将原本各国自定义的衡量标准废除，使丈量单位统一，这也是我国最早的标准化规范。从比较视觉感受与实物走向了数字，不仅更精确，而且有更高的灵活性。生活中不仅可通过数字来描述量的大小，还可通过语气、手势等表达量的大小。一句

99
25℃
12
$99
3.1415
M²
H2O
99%
120/80
H 54.5
68

“说话算数”深刻地表达了如今的文明对于数字的信任程度，数字的表述内容从过去对量的诠释发展至今，渐渐变得多元且丰富起来。我们不仅可以将能看到的量转化为数字，还可以将无法看到的量用数字来描述，如氧气含量、温度等。

数字的应用范围不断扩大，渐渐地突破了量的计量功能，数字的意义开始发生变化，由纯粹的计量功能衍生出字符。大多数字符代表的是实体或形态，从字符与数字的组合中，我们能够解读出量对应的物理产物，如角度、温度、功率等。数字与字符的组合应用越来越广泛，但过度复杂的条件并不利于其发展。因此，将常用的数字与字符组合成为宏，并用新的字符来表达某个结论或过程，如生活中常提到的1度电，代表1千瓦（功率）的电器工作1小时所消耗的电能。宏应用由现实生活逐渐扩展到虚拟环境。1946年，在美国宾夕法尼亚大学诞生的第一台电子计算机，由大量晶体管提供电位信息，并通过逻辑开关（逻辑闸）实现运算功能。随着计算机的发展，计算机的运算能力逐渐超越人类快速解读的范围。为更快地诠释与解析计算内容，人们从逻辑开关的组合中挖掘出大量的关联特性，并利用这些特性定义了新的字符，产生了新的数字文化——代码。代码也成为当今生活中现实与虚拟的桥梁，通过对物体（事件）、时间、量等的诠释实现现实与虚拟的连接。

04 计算机

1904年英国物理学家约翰·弗莱明所发明的真空二极管，将过去主要应用于能量供给的电能，发展成电子通信系统的新航道。真空三极管的加入则开启了虚拟化。初期的真空二极管体积大、能耗高而且反应速度慢，因此新材料的应用成为重要的研究方向。在半导体的赋能下，晶体管产生了。晶体管的出现加速了电子科技的发展，体积小且效率高的电子装置不断诞生，大量的电子配线装置被集成电路取代。最初的集成电路主要是由电子元件（电阻器、电容器、电感器和晶体管等）组成的系统回路，其工作目的是实现路径选择，将一端的信息或能量输送到另一端。虽然缩小了体积，减少了能耗及降低了时延，但其工作的本质并没有变化。电流变化、信号波形调整和时序等，是电子系统发展出的计算单元，即计算能力。初步的计算仅是逻辑性的汇总，随着计算单元分化出处理器、内存、控制单元等，计算能力有了活性。生物无法随意更换躯体与器官，而计算单元的分化却能够根据不同需求进行性能上的搭配。

随着新材料不断地推陈出新，更稳定、更精妙的方法被提出，半导体技术迅速发展，一种汇集电路的装置——芯片成为新宠。单芯片使厘米级别的元器件缩小至纳米级别，如同将一座城市置于手掌之上。它成本更低，性能更好。计算机的出现与元器件的高度集成，使得完成繁杂的统计与计算工作轻而易举，而传统的计算工具，如算盘、秤砣、水银温度计等，也正在消失。银行需要处理大量的数据，过去需要通过人力与中转发报等繁杂的作业流程才能够完成一笔跨国资金转账，而如今采用计算机，几秒钟就可以完成，节省了大量人力资源，而且更加安全。

可视化的应用由数字与字符逐渐发展出更易于人类学习的视觉图像。1984 年，麦金塔（Macintosh）操作系统引入可视化图形接口，实现图像化操作，这使得计算机获得了实时处理图像的能力。模糊的视觉图像，虽使人们对量的判断产生误差，但确实能够帮助人们从现实状态中快速提取信息。计算的图像化弥补了人类视觉的误差，逻辑计算后显示的图像内容则包含了数据信息，使人们能够快速地理解问题并做出决策。

初期的计算机仅提供数据分析、统计、计算等功能，随着应用的不断创新，计算机陆续丰富了娱乐、信息传达、控制等功能，由单一工作计算机发展为多媒体计算机。随着加工工艺的进步，计算机体积不断缩小，由台式计算机发展为笔记本电脑，但有趣的是性能却在成倍增长。不过，计算机的发展始终没有停下脚步，除了不断地缩小体积和扩大性能，它的应用范围也在不断扩展。2007 年第一代苹果手机问世以来，生活信息、娱乐、社交、媒体等都被汇于一部智能手机中。现代生活的方方面面都无法脱离手机，它就像一个随身的辅助大脑，负责处理烦琐的人工信息。

05 算法

一片叶子从树梢缓缓地落在一处湿润的土壤上，枯黄的叶面逐渐长满微生物，微生物渐渐地将其分解。分解出的元素再次回到循环之中，不过，在新的循环里它是否会再成为树叶，是个未知数。叶子在落下的过程中飘荡，最终落下的位置是一个可能的区域，而非必然的着陆点。可以确定的是，这是秋天即将来临的征兆。

一位休闲装扮的青年男子用双手猛烈地摇晃树干，一瞬间，第二片、第三片、第四片……无法在短时间内用视觉估计数量的落叶飘落下来。第五片叶子在落下的过程中，分别在第一秒和第二秒碰撞了第二片和第七片落叶。它一共旋转了29次，落点偏移量为1米。针对单一问题，我们能够轻易地采取统计的方法，形容出特定事件的内容，不过单一事件可能成为关键因子，却无法改变趋势与目的。大量落叶产生更多的环境变量，而这些环境变量的终点是地面。用结果来理解过程存在很多不确定性，但大体的趋势是一致的。如果落地是核心宗旨，那么一片落叶在下落过程中出现的任何行为或遇到的任何事件，都是满足结果的一种允许条件。

公园的一处放置着几张由花岗岩切割而成的石桌，此地是长者们休闲和唠家常的主要场所。他们有的在这里下棋，有的在这里聚餐。然而，唯独有一张较窄的桌面无人使用，它的“访客”只有几十只麻雀。当有人路过时，成群的麻雀几乎同时飞走并落于邻近树梢，待人离开后又回到桌上。清晨，当太阳刚探出头来时，总会有一位长者前来，将装满玉米、小麦、白米等干燥谷物的袋子放置在这个桌面上。开始时仅有一只麻雀前来觅食，渐渐地，数量越来越多，最终谷物被清扫一空。不过，即便桌面上已无谷物，麻雀仍反复地在相同的地方聚拢、飞散。麻雀落于桌面并不是结果，而是一种过程，其结果是获取粮食。因此，为了获取粮食而形成的惯性行为是群体事件的重要引导条件，桌面只是获得粮食可能性较大的区域。所以，在群聚环境中，虽然每个个体都有独立且多维度的外在变量，但其行为与目的也受到群体的影响。由于多数麻雀认为回到桌面上会再次得到食物，所以它们会重复相同的行为。一只持续上涨的股票，下一次开盘时再次上涨的概率大于下跌的概率，而持续下跌的股票则相反。一件商品被多数人拥有，会迫使没有此商品的人产生拥有的欲望。一群登山的人依循路径向前，遇到危险的可能性要低于脱离了队伍的人遇到危险的可能性。因此，不论麻雀群、经济体，还是生活的各个方面，都会被群聚的力量牵引到大致相同的目的地。

这个牵引的力量会统计随机的问题或发生的变化，并且将问题或变化缩小至特定的范围，所以，最终抵达的终点也存在误差。生活中并没有一个行为是绝对准确的，拿起一个杯子，放下一把叉子，每次的行为都与上一次不同。其不同的是时

间、空间和思维逻辑，但目的可能都相同。因此，只有所有的行为都在一个有限制的规范内，才能够达到目的。这个过程在自然生态中叫作“法则”，比如丛林法则、法律、法规，违背了法则将脱离群体意识，那么任何问题都将有概率发生。这些自然条件或社会条件均可通过统计与概率加以诠释，这种诠释方法称为“算法”——通过数学建模的方式来描述事件，并将可能的变量汇总与解析，最终获得一个趋势的关键权重。这样的诠释与现实中的生物逻辑是吻合的，因此能够将所有的行为特征与群体趋势套用，从而预先提出可能性更高的结果。

06 流与分流

计算机的应用，深刻地影响了人类文明的发展方向，在辅助装置与自动化系统的帮助下，更多的时间被节约下来用于科技创新。对于电子计算装置来说，更高的速率可将时间切割得更加细致，从而达到更高的信息传递或运算能力。社会的发展衍生出了更多的需求，计算机也被分配了更多的任务，这迫使计算机不断地提升性能和计算能力。但是，计算机的发展很快就遇到了瓶颈，图像、文字等信息源源不断地挤入计算机存储器中，使得计算机的工作速度变得非常缓慢。因此，第一波计算机革新开始了——将不同类型的数据进行分区处理，将硬件系统拆分为存储区、多媒体区、控制输入区和计算区等，再通过一块主板将所有内容汇总、分派任务并输出结果。这样一个组织架构，就如同生产流水线般使各区域各司其职，因此被称为“流式系统”。

流式系统一直是主流的计算机系统方案，直到现在，个人计算机仍然采用流式系统框架搭建。从 X86 计算机出现开始，即使对数据进行分区处理，也无法满足不断出现的需求，因此需要持续地提高每个独立模块的处理能力。提高处理能力的方法即是提高工作效率，而效率的转化即是在相同时间内获得更大的信息量，这取决于计算机的材料与加工工艺。在半导体技术的助力下，纳米级的工艺被突破，这使得两组件间的距离越来越小，而处理信息的时间也越来越短。不过在高速运转下，

虽然能获得更高的速率，但也会产生大量的热能。过高的温度影响了速度的提升，如公路上四车道突然间减为两车道而出现拥堵现象一般。因此，第二波计算机革新开始了——计算单元由单核进阶转为多核架构。

起初的多核架构概念，是同时处理相同类型的信息，比如，将四个相同类型的任务分配给四个人来处理，每个人都将自己处理完成的信息发送给下一个接收者。因此，起初的多核架构类似于渠道引流方案，通过降低处理者的工作量来保障质量。不过，这样的系统框架并没有脱离原始的流式系统框架。随着网络业务的快速发展，社交、购物、娱乐和教育等服务内容五花八门。一个人一天内查阅手机内容的频率平均是五分钟一次，但对于个人而言，更多的仅是读取屏幕信息，而这些信息皆来自云端服务器。过去依托流式系统框架的服务器，在服务需求产生爆炸式的数据量时，就变得束手无策了。这如同以一已之力移动一座山。因此，第三波计算机革新开始了——借鉴古老的愚公移山方法，采用大量的人力分解一座“大山”，再将其组合。将一项巨大的任务分解成无数个信息段，而每个信息段都提供了初始的连接关系，将信息段分别交由不同计算单元处理，最终将其融合为整体。这种处理任务的方式，非常适合特定且信息量大的业务，不仅效率高，而且速度快。不过，这种方式在拆分与合成时也会产生误差，这样的系统框架被称为“分布式系统”。

07 图灵系统

1837年诞生的摩斯电码，利用时通时断的信号代码，发展出最早的数字化通信。设备通过发送者挂载信息时间的长短来获取信号代码，编译员将代码内容与摩斯电码的密本进行比对，将一连串二进制代码转换为文字与字符。时至今日，这样运用挂载信息时间的长短来获取信号代码的物理语法并没有从生活中消失，光盘、硬盘等装置均是采用这样的方式将信息存储于物理介质中的。以光盘为例，由光学探头对旋转的光盘进行解读，获取信息后将信息拼凑出模拟的图像或声音，使接收者能够解读出信息所表达的含义。因此，当数字由量的计算升华为图像的编译时，密码学与符号学便有了发展的机会。

1912年生于英国伦敦的图灵，提出了一套名为图灵机的系统框架，这为之后计算机科学的发展奠定了基石。图灵机的工作原理是将仿真信息通过数字形态表述出来并且产生有规律的计算方法。图灵机在一条无限长的纸卷上“绘制”等比例的方格，通过方格内有无填充物来表述内容，而方格内部填充物的变化由目标成员当时所关注的纸上某个位置的符号和当时的状态而定。这样的系统框架被沿用至今，通过读取信息和写入信息来给予计算机系统指令和任务。在一次又一次的运行当中，特定的轨迹及状态产生的内容可能会有高重复性，而这些内容多数存在制式的规律或不可修改的特性。因此，可以为这些内容提供一个特定符号。执行系统在读取到这个特定的符号时，便会调用过去该符号代表的内容。由于插入了调用的符号，因此系统能够更快地将信息内容采用更简短的方式描述出来。

通信的快速发展带来了更低的流量费用与更快速的通信网络，海量的信息充斥着整个世界。1997 年，正在攻读博士学位的拉里·佩奇，利用分析算法来快速搜寻系统内符合或较符合的信息内容，并且将搜寻到的信息内容依据评价排序。这个搜索方法使美国谷歌公司所开发的搜索引擎快速跃身为全球重要的搜索网站。数据不断地膨胀，对于用户而言，数据的关联性、准确性胜过获取数据的总量。所以，获取真正有价值或可能有价值的数据内容成为用户的绝对需求。搜索引擎采用了无数的变异算法，但信息的分类、标记和曝光率等是每种搜索引擎的基础架构。当用户输入一段字符时，字符段会被依序拆解为多个不同的符号。信息用一段简化的符号替代并派送给数据库，而数据库会在海量数据当中探索相近符号及排序方法的内容，并且提供链接的路径。此外，数据库也通过近似方法定义出海量数据中的信息，并将其定义为符号及排序，如同书本的索引。最后，使用者能够在短时间内获取相近的链接路径。这一系列通过不同目标成员状态或诉求来对应相关信息内容的方法，并没有脱离图灵机的系统框架。此框架可以很准确地将任何信息贴上标签，并且能解读内容与标记内容。这一系统框架是一种数学制式化的表述方法，并没有脱离数字的逻辑框架。

08 神经网络

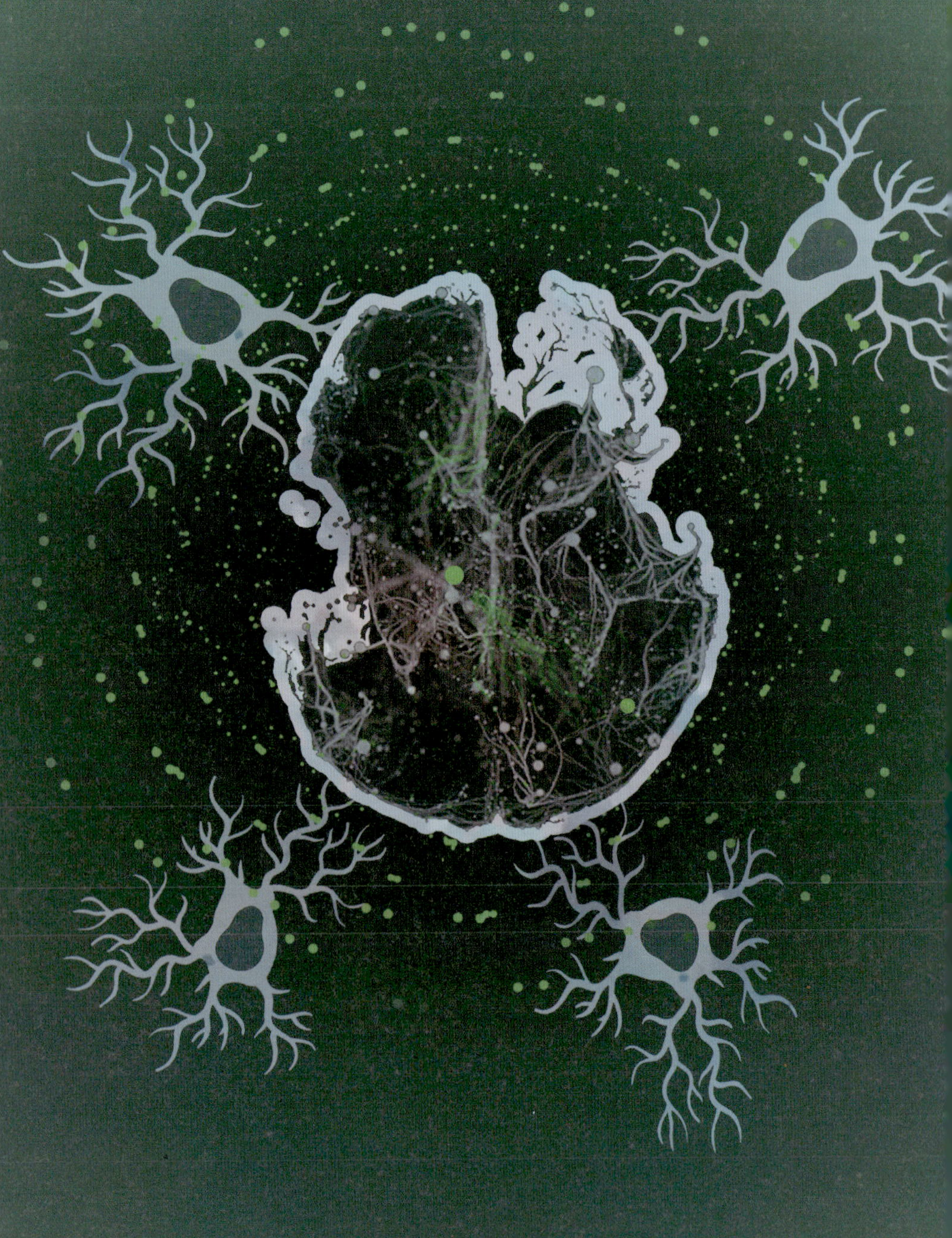

很多生物的神经系统由无数的神经元组成，神经元延伸出的神经突触彼此关联并形成网络。对这些生物来说，它们的每个行为都是由神经系统中的逻辑条件根据每个行为特征做出的决策。图灵系统可用几个浓缩的符号来表达一连串的事件，这可能不需要深入地展开每个符号的内容，但每个符号都有标准的制式和严格的条件。因此，对于获取信息并采取策略的接收者来说，只有将每个符号所代表的定义进行组合，完整地了解组合逻辑与符号意义，才能够做出决策，而这些都需要一个重要核心，即大脑。大脑可以进行背景挖掘、组合、比对和决策等，在这些过程中不需要获取太多深究的内容，而仅需要将符号意义转化为背景条件。例如，若不讨论文字内容而单纯将“苹果”两个字符定义为一个视觉实体，那么我们只需要获取苹果图像并将其标为“苹果”就可以了。当然，在获取相应的背景条件后，所有的决策行为都有很高的一致性，只是在知识量不足的情况下，这种一致性很难产生作用，因此，必须不断地添加新的符号与定义才能使决策行为得以“运作”。

神经系统并不需要大脑无处不在。原因在于所有存在于神经系统中的神经元都有近似的构成条件，差异在于神经突触的长短、强健性和连接方式等。每个神经元仅完成一件简单的工作——传送信息。近似信息给予次数与刺激程度，均会改变神经元下次对于信息的传递方式与传递内容，而这些改变源自神

やはり

经元本身的思考逻辑。拿起一支笔写下一段文字，文字整齐地排列着，这样的能力只有通过长时间与高频率的训练才能得到。但是，图灵系统所产生的内容与之不同，被定义好的信息不需要通过训练即可获得结论。比如，写出两个一样的字，放大比较后会发现，两个字实际上存在差异。可见，神经系统做出的决策并非绝对标准，而这样的决策与神经系统有绝对的关联。

每个神经元均是一个“决策大脑”，彼此连接并持续传递信息，由第一个传递给第二个，而第二个在思考这个信息内容的准确性后，重编故事内容并传给第三个……这样传递下去，得到的结论可能会与原始信息相差甚远，使得最终的结果是负面的反馈。当下次需要发送相同的信息时，第一个神经元由于受过负面打击而对故事内容加以强调，使得第二个对于信息的认可度提高并产生后续的传递过程。不过，这次的反馈依旧是负面的，只是程度较轻。一次次的修正，使得传递路径上的神经元对于信息可靠性都有很高的认可度，但并非绝对认可。这些神经元对故事内容的处理，均来自自身的思想、记忆和沟通等行为。

神经系统的决策逻辑存在于每个神经元当中，每个神经元均可作为起点与终点，所以在神经系统中并没有绝对的主从关系，任何节点均可运作。足球运动员需要花费大量的精力去练习运球、拦截和射门，每一次的练习对提高准确度均有帮助。外科医生拿着橡皮槌轻轻敲击患者的膝盖上缘，患者也会产生膝跳反射。足球运动员通过练习来提高运动中的反应能力，这是由人的大脑在思考后传达信息所产生的结果。然而，患者的膝跳反射则是由于神经节点受到刺激，而非大脑给予的信息产生的。实际上，这个膝跳反射行为是通过节点触发，经由一系列的神经元传递信息而成的，与足球运动员的动作相比，其信息传递的媒介数不一样，因此在行为反馈上的速度也不同。

这些独立的个体形成的网络，起初并没有强制的规范，每个行为都是通过尝试与刺激做出的。这样的过程与图灵系统相比，是非常缓慢的，因为每个决策都需要不断地试错与修正，而在学习过程中存在很多不确定性。这些不确定性使得神经系统拥有重要的特性，即存在创造性。由于没有严格的标准，因此每次的行为都会结合很多路径传来的信息，虽然这些信息并不是完全相关联的，但是它们可在相同的节点上碰撞产生规则。这些规则也很有可能被下一次的刺激所打破，产生另一种规则。由于每个节点均是时变的，因此环境存在无限的变异，又代表着无限的可能。生物本身并不是单一的个体，而是一个循环且多变的生态系统。

09 混沌与量子

水彩通过水分与染料调和出画家想象中的色彩。画家通过精妙的笔触，绘制出富有感染力的画作，而用来洗笔的水桶却始终带着灰黑的色调，这是所有绘画的起点或终点。

关于宇宙的产生，有很多种说法，其中的大爆炸理论最广为人知。我们知道，宇宙是一个有大量物质存在的地方，所有物质都在其中变化着、运动着。如果将物质看作能量，那么宇宙当中应是一片光明，可是我们用眼来观测，仅能看到点点星光与灰暗。正如洗笔的水桶中，染料的混合会产生灰暗一般，只有深入去理解，才能发现色彩的奥妙。

各地的神话故事，均体现出生命的执着与文化的融合。若将故事的内容向前追溯，这些神话的起源有着相似之处，那就是创世的起点皆来自混沌。混沌并非虚无，而是所有物质混杂的一个熔炉，这些物质在宏观的角度下被视为一体，但从微观角度来分析却可以发现其内部复杂的聚类、依存和运动关系。20世纪初期，由于经典力学与经典电动力学无法完整地解释微观角度下原子与亚原子在各种时间和环境下的性质变化，因此，普朗克、爱因斯坦、波尔等众多科学家在实验中发展出了量子力学。量子的基础思想在于从微观的角度探索物质的形态，如组成态、凝聚态、动态等。从无限小的角度观察问题会发现，问题并没有绝对的答案。这些看似并不是我们在生活中所能理解的现实，也没有绝对的准确性，不过，这才是生活发生的本质变化。人类在无法用特定的标签给这些变化定义时，只能用“现象”来说明问题。描述现象的方法形成了算法，通过不确定性产生的概率获取相近的内容，在不断地试验与统计数据中寻找趋近的规律。

若把机械与生命打散至最小的量子结构，那么它们在发生之初并没有什么不同，依循的轨迹都是不断地扩大变量，进而形成如今的差异。二者发展的思想也没有不同，但多样性的趋势正不断出现，新算法的加入使人们能够从科学的角度去了解万物的生成及发展的方向，并且在发展轨迹当中探索比较可靠的解释方法。

生物是各种物质的叠加，而物质均在寻求新的结合方法，以产生更复杂的特性，并且会在一定规范下形成规律。如果超越规律，则回归循环，但也无法改变复杂系统的到来。复杂系统是一个原生的生态，一个只符合特定条件的物质群聚生态。其思想逻辑并不是目前人为给予的定义，而是崭新的组合与价值观。万物皆有选择的权利，但并没有选择生存道路的筹码，即便不愿意推进，这些变化也会主动地干预甚至统领这个世界。这条航道将沿着智动、制动、自动的轨迹向前发展。

Science Bubbles of a Geek Head

4

倘若打开潘多拉的盒子，你会发现盒子中还有一个盒子，这是追逐欲望的过程。当实现了眼前需求时，新的目标又悄然而生，这是一个无限循环。

从人性的角度出发，通过科学的角度来拆解被视为整体的产物，这其中的每个发展过程、步骤等都包含了与自然的抗衡和挣扎。这或许不是一种相互抵触，而是在寻求新的平衡点，但这个平衡点的位置因不断有新的参与者加入而不断地调整着。

第4章 理想与现实

01 超越

1843年，丹麦的哥本哈根市建造了第一个被称为“游乐园”的娱乐场所——蒂沃利公园（Tivoli Gardens）。经过了将近两个世纪，这个公园目前仍然对外营业，且到访游客络绎不绝。园内的各种娱乐设施有自由落体、咖啡杯、旋转木马等，其中最著名的是一座古老的云霄飞车，它也是园内重要的标志性设施。该设施据称建造于1843年，不过根据当时背景下的技术手段，建造这样一座具备高安全性且高稳定性的快速列车并不容易。乘坐云霄飞车的游客在高速的冲刺与落差悬殊的变化中，有的尖叫，有的欢愉，有的露出恐惧的表情。不过，在经历轮番折腾后，多数游客会产生欢愉及异常的兴奋感。娱乐设施实际想达到的仅有空间位移与未知性这两个目的。未知性通过空间位移的反馈提供非常态的“韵律”，如高速前进、急速转弯等，使游客因无法完全掌控下一个瞬间的命运而感到惊恐或惊喜。当任何可能存在的危险被征服时，人们获得的心理反应会使情绪异常高涨，尽管这看似有些荒谬。

速度带来的冲击与紧张感也彰显出力的美感及价值感，因此速度代表能力，也代表着物质价值。人们对于速度的追求，产生了许多竞技项目，如长短跑、赛车和游泳等。对于生物而言，速度与心律功能、核心肌群的能力与肢体协调能力紧密相关，但对于载具而言，速度仅来自发动机与机械动能的组合。

内燃机的出现加速了发动机的发展。对于使用油料的载具而言，其发动机的内部结构与瓦特发明的蒸汽机并没有太大区别。

倘若不考虑重力加速度的影响，位移与速度就应是正比关系。若要在相同时间内跑得更远，车轮的转速就要跟着提高。不过，高速的运转产生的摩擦热与燃烧产生的高温使得发动机的发展受到限制，即便是采用多组发动机分工的方法，也无法有效地提升速度。此外，提速的代价是更高的油耗。

1889年，法国标致汽车公司发明了第一台变速器，创造了追求速度的新起点。变速器用多个不同齿距的齿轮装置（称为“变速齿轮”或“飞轮”）替代了活塞杆带动的固定齿轮。不同的齿轮组可改变传动轴的转动频率，齿距越大，频率越低；齿距越小，频率越高。因此，在发动机做功相同的情况下，使用小齿距的齿轮能提供更高的转速。

当然，任何行为都有相应的代价，在载具静止状态下使用小齿距齿轮组，会使车轮完全无法转动。大齿距的齿轮组有较

长的力臂，能够通过较小的力量牵引笨重的载具。载具的位移与传动轴的转速紧密相连，所以高速运行时，做功小且频率高的小齿距齿轮组发挥了作用，而在低速运行时，则需要采用较大齿距的齿轮组。变速器的应用成功地将力的作用推向另一个突破口。但是，追求速度的步伐仍然没有停止，这反映出有限生命的无限渴望，由于短暂，因此更加珍惜；由于突破，因此感到更加喜悦和满足。

02 能量

生物通过消化吸收食物来获取能量，消化过程是一条复杂的流水线，能将食物转化为能量。不过，不论能量以何种方式存储，其产生的方法只有分解这一个。生物采用分解的方法将物质与物质间的键打开，并释放出能量。并非所有能量都能够得到良好的传递，传递过程中总会存在或多或少的浪费。在生物摄取食物的过程中，只有部分能量被吸收，大多数能量以热能的形式散失了，所以生物能够保持合适的温度，使得身体各器官正常工作。

如果纵向拉一根筷子，需要很大的力才能够使筷子断裂，这与筷子纵向的单位面积及结构有关。倘若旋转或横向施加力，则所需要的力要远小于纵向所需的力，可见不同的施力方式产生的结果相差很大。生物在分解物质的过程中需要消耗能量，才能够获得物质释放的能量，生物消耗的能量大于物质释放出的能量时，对于生物而言，它是在消耗能量而非在获取能量。因此，能量利用最大化，是系统进步的一个重要衡量标准。就能量获取而言，不论采取的方法是纵向拉扯、旋转还是横向弯折，均是为了获取物质分解所释放的能量，对其施加作用力的过程可能不是纯能量的转化过程。发动机通过油料燃烧产生的推力来带动机械运转，然后利用机械的反作用力来压缩油料的空间，使能量在消耗时转换为更大的动能。

不论生物的分解行为，还是机械的能量转换过程，均无法

获得完全的转化效益，损失的部分会形成浪费。燃油发动机的动力转化率不到一半，有的以热能形式散失，有的则因燃烧不完全形成废气排放到空气中。这些废气和燃烧形成的二氧化碳，对自然环境来说都具有危害性，也会逐渐影响生态。因此，新动力成为人们关注的焦点，其中，由电磁驱动的电动载具备受关注。电动载具的核心动力源于电动机，它将电能转化为动能，驱动传动轴转动。为了持续有效地移动装置，移动载具必须以蓄电池作为能量来源。虽然蓄电池使废气的排放情况得到了改善，但其缺陷也很明显，不仅补充能量的耗时远大于燃油发动机，而且续航能力受限。因此，在21世纪初以前，蓄电池并没有成为载具主要的能量来源。

03

管理

19世纪中叶，美国人安德森研制出了第一辆电磁驱动载具，这一产品虽然在当时没有受到市场关注，但为电磁驱动载具的发展打开了一扇研究的窗。1791年，伏特发现，向青蛙两腿间放置不同金属时，青蛙的双腿会出现抽搐现象。这一怪异的现象启发了伏特的研究，他于1799年成功研制出了第一个电池雏形装置，成为能量存储研究的先驱者之一。相较于内燃机系统，电磁驱动系统提出得更早，不过其依赖电池供给能源，这也是其发展的主要阻碍。

过去大多采用硫酸铅电池作为载具的供电装置，它设计原理简单、材料易于取得，并且成本低廉，因此在过去超过一百年的时间里，一直是主要的电力存储装置。但是，硫酸铅电池体积大而且储能有限，并没有成为载具动力能源的供给装置。

1970年，埃克森使用硫化钛和金属锂制成了第一个锂电池，由于其体积小且储能性强，因此被大量地应用在需要长时间供电的设备上，如手表、遥控器和记忆装置等。其体积小巧，也被称为“纽扣电池”。不过，在过去，并不允许对锂电池进行充电，这是因为金属锂在还原过程中，容易形成结晶状，从而造成短路或爆炸等问题。这样的问题，时至今日仍然没有得到完全解决，如移动电话的锂电池发生的膨胀与自燃事件等，均是概率性问题。

21世纪初，移动电话被广泛使用，而且成为生活的消耗品，其供电装置也由高污染的镍镉电池转向锂电池。在通信技术迅猛发展的今天，锂电池已成为生活中主要的蓄电装置。锂电池的形态与种类越来越多，锂电池被制成具有不同用途的储电装置，提供给生活中的各种设施，如移动设备、航天器、控制设备等。不过，锂电池在移动交通工具上的应用并没有得到普及，其原因主要是锂电池动力装置的充电等待时间长、提供充电的设施不足，以及续航能力有限等。在有限的能量供给下，电发动机不能像燃油发动机一样结合变速器等机械装置来提供更有效的能量，由于电发动机的动力与能源消耗为正比关系，因此有限的电能所提供的续航能力被限制在很小的浮动区间。然而，采用变速器的燃油发动机能够在不同挡位通过相同的转速达成不同的速度，因此很大地延展了发动机系统在续航里程上的弹性。当然，不论燃油发动机，还是电发动机，皆有各自的优势。燃油发动机要保持启动状态，必须有基本转速来维持，所以在堵车时或在走走停停的移动环境中，电发动机反而更具优势。

为了在有限的条件下获得更长的移动距离，研究者不断寻找更好的能量转换方法。1900 年，德国保时捷公司研制出第一款油电混合动力系统，虽然没有正式上市，但它成为混合动力的先驱。在燃油发动机动力系统遇到发展瓶颈，电发动机动力系统快速发展的现在，兼具两者优势的混合动力再次受到关注。将两个不同的动力系统结合，取长补短，不仅有效延长了续航里程，也提升了能量转换效率。

但是，这也意味着动力系统结构更加复杂，以及需要同时具备两种动力装置并占用有限的车内空间。所以，混合动力系统更像是燃油发动机向电发动机的过渡，只配置在一小部分车辆上。

随着科技的发展、电池管理系统的提升及异步电机的应用，新的驱动系统能通过对定子的控制使转子根据不同的环境需求改变转速、扭力等，其控制逻辑与步进控制系统相似。步进控制系统通过控制电动机内多个定子产生旋转磁场的时序，使电动机转动受到控制。这种方式使电动机在高速移动的情况下能通过减少极定子的作用数量来降低磁场强度并保持转速，以产生类似于变速器的功能，减少不必要的能耗。电池系统方面，在电池管理系统还未被应用于移动交通工具中时，电池系统采用的是一体化集成方法，通过导线使彼此导通。在电力供给的过程中，整个电池都处在能量释放的过程中，长时间使用容易出现发热与膨胀现象，并且因为化学能转化过程需要时间才能够稳定，所以一部分能量会转化为热能散失掉，这就降低了电能转化的效率。此外，大功率的能量提取，会使电缆线的温度上升，产生热能，进而增加安全隐患。新式电池系统则将每个电池分离，在需要大能量供给的时候，从多个独立电池那

里提取能量。在持续工作时，新式电池系统会对不同的独立电池进行分时提取与优化匹配，使每个独立电池都能够在合理的条件下工作，这不仅提高了能量的获取效率，也使能量通过多条路径供给，减少了电池总线上的温升现象。不过，步进控制系统和电池管理系统的运用，均需要一个良好的逻辑系统来支撑。这些发展仍在路上，需要机遇与时间的淬炼。

04 强化

将一颗生鸡蛋置于手心，紧握它并向其施加压力，你会发现，要使鸡蛋壳破裂并不容易。鸡蛋壳呈上下不对称的椭圆状，厚度不到1毫米，主要成分为碳酸钙，内部有许多不完全均匀的气孔。主观认知中的鸡蛋壳应是非常脆弱的，但事实上它却异常坚固，这与感觉差距极大。用手拍打被吹胀至原始体积300倍的气球，其仍可保持完好无损。不论鸡蛋，还是气球，均有很强大的抵御外力的能力，这种能力不仅与材质有关，还与外观结构有关。当一个表面的物质构成相同且分布均匀时，其物质与物质间的牵引力均等，因此每个着力点的抗性呈现一致性。乍看初始点为主要受力点，但部分力通过向外扩散的方式分散了。

气球重量轻，拥有良好的延展性，当受到外力推挤时，会通过变形来缓冲所受到的力。气球不仅能通过自身变形来缓冲所受到的力，也能通过空间中的移动来将力发散于介质当中。比如，重力拍打置于空中的气球时，其初始位移高于持续性位移，位移呈现递减状态，所以弹性与空间位移有助于减小冲击时产生的突破性压力。

从冷兵器时代发展至火炮兵器时代，生物动能被机械动能取代，对动力与更高能力的渴望促使移动载具不断向前发展。马车时代采用木材或铁器制成载具厢体，一些彰显身份的贵族会在马车上进行雕琢与装饰以提高美观度。在汽车发展初期，人们主要考虑其是否能更快捷地移动。因此，汽车的结构设计以提供更多空间与提高运载重量为主要理念。所以，早期的厢体结构大多为矩形，以使利用率更高。由于发动机动力系统的承载能力有限，因此需减少自身负载来换取最高的运载能力，所以车体结构也是以支撑车体的最小重量设计的。由于车载的配件非常有限，铁制的车架加上高温的暴晒使处在没有空调系统的车体内成为一种煎熬，因此早期的汽车多采用敞篷结构。

早期汽车的车体刚性有限，又没有完善的结构力学支撑，因此相当脆弱。1916 年索姆河战役中，英国制造的装甲车第一次投放到战场上，挽救了遭德国袭击而溃不成军的英国军队，由此开启了装甲车战场上的霸主地位。由于装甲车在战场上显示出极强的保卫能力及推进能力，因此载具结构强度的重要性开始受到关注。之后很长的一段时间，金属材料被大量研究。

空中部队的出现与精良的兵器配置，使背上厚重装甲的移动载具很快就在战场上失去了优势，如何同时具备良好的防御性能与机动性能成为研究重点。当然，这不仅是对军用载具而言，对民用载具也是如此。比如，一台高速行驶的汽车，由于没有良好的车体防护结构，在翻车时其车体会支离破碎；再比如，一台装满厚重钢板的汽车，由于发动机动力系统的限制，行如龟速。因此，车体的结构与外观开始发生改变。研究发现，合金材质和金属复合板能够满足强度和韧性的要求。渐渐

地，结构力学从这些材料与结构的研究中发展了出来。通过结构力学方面的设计与改造，车体耐撞击的性能得到了提升。

第一次世界大战过后，全球局势逐步趋于稳定，各国经济复苏，过去只面向富裕或有身份人群的私人载具增多。载具的生产与研发开始向着探索符合大众消费、低成本并能够实现高安全性的方向发展。但是，如何更有效且更低代价地实现载具的强化仍在不断的研究中。

1993年盛夏，两个拿着竹棍的顽皮青年将树上的一个大型蜂巢敲打落地，引起了蜂群的攻击。不过一会儿，蜂群散去，留下偌大的蜂巢在地面上。两个青年用手持的竹棍轻易地翻动蜂巢，发现从10米高落下的蜂巢除了落地时接触的表面出现破损，其余均完好无损。从破损的区域观察蜂巢结构发现，其内部由无数个正六边形孔洞组成，而蜂巢外观则呈现由多个平面覆盖而成的漏斗状。当蜂巢受到外力冲击时，其表面若承受不住压力，就会挤压内部无数个六角晶格，使得二维平面所受到的冲击力通过晶格状的立体结构发散于三维空间中。这一自然界天然生成的良好防护结构逐渐被应用于载具的外观设计中，以使载具拥有更好的防护能力和更低的制造成本。

05 反抗

早期，发动机大多安装在车辆的后端，这样便于驾驶者控制前方的轮子，也可以减小转动轴的受力，同时使驾驶者能够有更好的视野与操控便捷度。然而，这也会影响车辆的配重比例与力矩，导致车辆前端较轻，在加速时容易产生前轮空转等问题，转弯时容易出现偏移与翻车等意外。因此，直至今日，大多数车辆均采用前置发动机的设计方案。发动机的重量占车辆重量的比例较大，有些发动机的重量甚至可达一吨，配重比例不当将导致行驶时产生多种问题。不过，大体积的发动机和配件，需要占用车辆的可容纳空间，所占空间越大，表示车辆在行驶过程中受到的空气作用力越大，这使原本有限的推进能力受到考验，一条抵御自然条件的研究道路就此展开。

一滴水珠由高空落下，因为在移动的过程中受到空气压力与最大凝聚力的影响，它改变了外观与配比。在理想的环境下，只考虑下坠受到的力时，水珠前端会快速扩张而中间会缓慢收缩拉升，从而形成水滴状。这是水珠在空气反作用力与自身凝聚力相互抗衡时做出的稳态表现。哑剧大师卓别林在演出中经常使用一把雨伞作为道具。在很多桥段中，他将撑开的雨伞作为缓慢降落的工具。虽然手法较为夸张，但这一原理与降落伞相似，均通过更大面积的空气阻力来降低物体降落时的速度。不过，从高空降落的水珠，却从来没有砸伤过人，这与支撑物的最大张力有关。当降落伞的伞面受到大于布料结构所能

承受的支撑作用力时，伞面会形成破孔使作用力找到出口。由高空落下的水珠也是如此，当作用力大于凝聚的最大张力时，水珠会崩解为更小的水珠，在多次的崩解过程中不断受到缓冲，使水珠以较为均匀的速度抵达地面。

水珠降落的形态转化与崩解过程，使得对物体结构与自然力两者间平衡的研究进一步受到关注。1934年，德国大众汽车公司生产的“甲壳虫”车型，由于外观小巧可爱且实现了车内空间的最大化，一经推出便受到市场宠爱，该车型至今仍活跃在汽车市场上。“甲壳虫”的外形与瓢虫相似，几乎前后对称且中部隆起，如水滴一般。由于发动机舱空间有限，它搭载的动力系统的最大推进力便受到限制。但是，比起拥有相同推进能力的其他车型，它在制动方面更加灵活而且快捷。由于外观多为曲面、整体如水滴状且前后收缩，因此它受到的反作用力得到缓冲。不过，任何改善都有代价，与水滴在高速降落时会崩解一样，由于接触面被延展，前车身受到的空气阻力变大，在高速行驶时对钢板产生了向外的张力。因此，与矩形车辆相比，这种结构的车辆更容易产生车身震颤的现象。

1926年，美国发明家戈达德制造了第一枚液体火箭，并且成功地实现了短程飞行，这对现今的航天技术与军事的发展起到了重要作用。100年过去了，火箭的外观并没有脱离最初的设计，圆滑且收缩的前端与笔直的身躯，如同一班通往天际的快速列车。与“甲壳虫”前车身变大的空气阻力不同，火箭笔直的身躯将空气阻力最大限度地限制在前端曲面上，身躯的垂直截面则为最小的受力面。因此，在空间中飞行的载具的外形，均采用相同的原理进行设计。不过，对于行驶于地面上的车辆来说，面临的考验不仅仅是无障碍空间中的作用力问题，还有地面产生的风力与摩擦力效应，以及高速行驶时的反作用力与空间扰流影响等。利益与代价永远并存，追求速度的高速跑车，往往设计为细长的流线型，这样一方面能够通过面积延展来最大限度地降低风阻，另一方面也能减小轮胎与地面的摩擦力，使跑车获得加速度。但是，这种车的内部空间会受到制约。因此，对于有更多空间需求的车辆来说，其外形倾向于采用曲线设计，以降低行驶时所受的空气阻力。不过，车体侧身的抗压性却存在严重问题，在高速行驶时，侧向风压会与加速度叠加，容易导致车辆翻覆。因此，为消除侧向风压造成的安全隐患，设计师根据空气力学设计原理，设置了数个垂直于侧向的前高后低、成一定角度倾斜的平面。由于前高后低产生的不对称性，侧向风压向后方延展与流动，并将风压限制于局部区域，这样不仅能够降低车辆翻覆的风险，还能够更有效地运用导流原理提高推进能力。

06 设计

车辆与飞行载具的不同在于行驶的空间与环境变量不同。对飞行载具而言，在空间矢量与航道准确的前提下，行驶过程中仅剩环境因素需考虑。但是，对于车辆来说，由于其受到地面的影响，因此需要考虑的问题更加广泛。当行驶于砾石路面或不平整道路上时，车辆对于环境的作用形态会发生变化，车辆的抗风压能力与轮胎对地面的摩擦系数均会变化。受制于有随机障碍物的地面空间，转弯变向为多发事件，当车辆变向时，车辆受到离心力与倾斜作用力的影响，因此理想状态下的均衡胎压及摩擦力会失衡。越靠近转向内缘的轮胎，受到的向心力越大，越远离的轮胎，受到的向心力越小。由于着力点必须依托地面，因此当车辆失衡、压力过大时，车辆会发生翻覆意外。此外，车身越高，越要注意有效的角速度问题，因为车身高会加大垂直于地面的杠杆，当向心速度与倾斜角度增大时，车辆两侧的重心差距也会变大，更容易造成车辆倾斜或侧翻，驾驶员的震感也会更强。

现今的车辆均依赖地面行驶，因此依附的绝对条件是与道路的匹配关系。地面环境存在许多不确定因素，如抖动、旋转、倾斜等，也面临自然条件与人为条件的双重影响，因此产生的问题均为随机事件。但是，不论面临何种因素，最好的状态是在各种随机条件下与道路不间断地接触并均化作用力，以使车辆在行驶时能够始终保持平衡。

车辆受环境影响很大，因此除了需要为车辆提供更好的刚性，结构力学上的发展与应用也应带动车辆稳定性的提升。一根支点位于中心的木头，由于两侧施加的重力不同，会向特定方向倾斜。若两侧分别放置不同重量的物品，当支点逐渐向较重物品的一侧移动时，木头渐渐趋于平衡。支点的改变使得重力达到平衡，这与杠杆的基础原理一样，但不同的是，面对不断变化的重力，需要不断改变支点的位置。根据这一理念，在对称位置放置一组相反的杠杆装置，当车轮压力变大时，该装置会通过车辆的倾斜角度向支点的反向移位，使得车辆在重力不均的情况下，也能保持较稳定的行驶状态，而当向心力不足时，亦能够获得良好的补偿。当然，通过不同结构实现相同功能的装置很多，但基础原理是一致的，对于车辆而言，这种结构统一被称为“悬挂系统”。

获得改善的车辆底盘结构，使车辆行驶更加平稳，不过，人类永远不会满足于现状，驾驶平稳仅是驾驶舒适感的开端。生物的移动形态很多变，多数节肢昆虫于腿部末梢特化出倒钩的尖端，以使它们能在移动中抓取猎物，也能够将钩刺附着于缝隙较大的物体上倒立停靠。为获得良好的摩擦系数，轮胎的

TIRE

表层仿照生物纹理进行研发，即颗粒感越强，且两个颗粒间相互收缩的范围越大，接触地面时的摩擦系数就越高。两个颗粒间形成空气与实体的空乏区，当对轮胎施压时，轮胎会将空乏区内的空气推挤出去实现结构收缩，产生更大的抓地力，更利于车辆在高密度材质或抛光材质路面上行驶。不过，摩擦系数的提高也意味着磨损的增加，成本也会跟着上涨。大多数蛇类是无足生物，它们通过扭曲及摆动身体与地面产生摩擦来实现移动，但接触地面的皮肤受到的磨损却很有限。因此，现今多数的轮胎表层采用蛇类鳞甲般的花纹，即面积较大且具有放射状的纹路。表面具有这种花纹的轮胎，除了能够将摩擦力由点均匀分摊至面，还可使各个方向形成一致的抓地力。

车辆的电子装置也发生了很大改变，就像现今的智能手机一样，功能越来越多，车辆的电子化体验也在逐步升级。车辆导航系统能够更迅速地了解路况，通过云端交通信息获得预警及规划，结合实时影像使信息更直观。结合本地计算能力与云端计算平台，车辆配置了更多的传感器，能够准确地预判即将发生的行驶问题，借鉴计算能力并通过语音交换机制与车载系统进行交流，实现人机交互，减少行驶过程中不必要的操作。车辆正走向模糊化与省略化，它结合多种场景、应用及特殊的定制化需求，在一条多路径结合的道路上高速发展着。

07 补充

只有获取了能量，才能够应用能量，任何产生消耗的行为都需要补充能量。对动物而言，食物是主要的能量获取来源。动物通过消化道将食物分解并吸收里面的养分，从而获取所需的能量。不过，这并不专属于动物，任何系统都有相应的能量转换过程。能量转换过程是一个搬迁过程，将一个形态分散或凝聚成不同形态，再搬运到另一个位置形成新的形态。众多相同或不同的形态发生转移时，能量就发生了转换。比如拿起一支笔的行为，当视觉观察到空间中一处能量聚集的综合形态（笔）并与大脑中的记忆区比对时，大脑便会传递信息使肌肉与骨骼在空间中移动，并在皮肤表面摩擦力的作用下将笔提起。这一连串的行为都是由不同形态的组合产生的，其

中有着错综复杂的逻辑关系。由于多种形态所对应的能量需求不同，因此，动物需要获取多样性的能量才能满足自身的生存需求，但对于机械来说，能够获取能量的源头并不多，或许在未来会有更多的能量种类可供使用。因此，人们对新能量的探索从未停止，现有的主要能量获取过程是一个纯粹的消耗过程，如燃烧石油。所以，为了寻求更有效且更容易取得原料的方法，新的研究正不断地被提出。

冥想、禅定等已成为现今的人们调节身心的方法之一。当外界的干扰都停止时，内在的感受会更加强烈。当思绪保持稳定时，若专注于身体某个部位的不适感或耳朵听到的某一个声音细节，便会发觉以往忽略的内容。这是一种静态的强化训练，可以使个体更专注于某项能力的释放。跳远选手在跳台跑道上以三连跳的方式，将肌肉力量、弹性、爆发力等集中施展在最终的跳跃点上，这需要身体的完美协调与某项能力的专注发挥。对于其他生物而言，这样的技巧性强化训练可能较为匮乏，它们的能力更多地来自演化当中的筛选。袋鼠的跳跃能力在动物界实属“翘楚”，高度能达数米，距离达十米以上。仔细观察袋鼠的腿部构造可发现，其拥有异常长度的大小腿，因此有更大的弹射加速度与跳跃距离。骆驼的驼峰中能够储存大量的养分与水分，使它能够在缺乏食物与水源的沙漠中长途跋涉。仙人掌特有的针叶结构能最大限度地减少水分流失，使它能够在高度干旱的地区生存。观察这些生物，并专注地分析和总结，最终可获得关于效率的思考。对于有限的能源供给来说，我们能做的不只是获得需要的原料，还可通过改善自身的系统或结构来更好地利用能源。就载具而言，每份消耗是否能换取更大的回馈或是获得更大的动力，是未来研究和追寻的方向。变速满足了高低速转换需求，良好的结构设计降低了空气阻力带来的危害，轮胎与悬挂系统则使车辆获得了良好的平衡。

与处理器的发展一样，追求个别的极致可保障最高的利用率，但极限也会随之到来。因此，多元的大门再次敞开，需要从根源上寻求改变——寻找新能源。电动汽车比燃油汽车早出现约半个世纪，但由于储能技术有限，电动汽车经历了两个世纪的萧条。21 世纪初，随着储能技术的发展，实现高效的能量存储成为可能，而且充电时长也大幅缩短，这使得电动汽车受到了人们的重视。不过，这次，电能并非来自大自然，而是通过人为利用自然资源而产生，如核能发电等。利用有限的自然资源换取部分可用能量，将获取的可用能量转化为化学能存储起来，然后在一次又一次循环中不断消耗，这其中包含了大量散逸至空中的不可回收的热能。因此，人们在不断探索更纯粹的替代方法及原料。大量应用于航天推进的氢燃料，通过氢与氧的化学反应形成水，并从中获取大量的游离电子，使得氢气作为动力推进原料备受重视。不过，氢易燃、易爆、不易存储，不论补给氢燃料的加氢站，还是车载氢存储罐，均受到了安全性方面的质疑。这些质疑使得氢燃料无法真正惠及每位使用者。大量分布于深海沉积区与永冻层中、因低温与高压形成的可燃冰，近年来备受关注。可燃冰为易燃物质且燃烧值高，被全球列为重点研究对象。由于石油日益减少，因此可燃冰给新能源供应链带来了希望。此外，航空航天领域使用的长效同位素电池，能够提供长时间的辐射能。虽然看似完美，但由于它对生物存在危害，因此没有用作车载新能源。不论采用哪种能源，这些研究均在更深入地观察物质的本质，并希望物质间保持最佳协调。

08 循环

近代以来军事冲突不断，加上科技发展需要消耗大量的资源，使得有限的资源被大量地开采与利用。面对不断减少的自然资源以及被破坏的自然环境，人们逐渐对资源的回收与再生重视了起来。虽然生态不论发生何种变化，都会采取一定的方式寻求平衡，但这些方式可能不容易被察觉，甚至有可能以毁灭性的反应达到目的。人为的永续循环，以现阶段的技术水平还难以实现，即人类还无法通过不耗能的方式来实现循环利用。如同随地丢弃的塑料，需要通过人为收集、分类、压合、绞碎等操作才能够实现循环。并且，在新的循环中，原料纯度下降及含有杂质等问题，会限制再生产品的种类。在这样的循环中，几乎每个节点都会产生无法回收的能量或物料，从而造成资源的损失与浪费。因此，人为的回收只是在减缓可利用资源减少的速度。

江南一带是丝绸的主要生产地区，当地长期养蚕以生产蚕丝。由于这里气候潮湿而且水路分支甚多，因此这里河鲜丰富，河鲜也成为当地人的主要食物来源之一。早在明末清初时期，这里就已经发展出了多产业结合与永续循环的理念。人们在养殖河鲜的池塘边缘种植大量的桑树，并在桑树上养蚕，蚕食用桑叶，而落下的粪便则成为池塘内河鲜的主要食物来源，河鲜遗留的粪便与活动时产生的淤泥又可以为桑树补给养分。

自然环境中存在很多必然发生的现象，从这些现象发生的过程中提取的可利用能源，被称为“再生能源”或“纯净能源”，如地热、潮汐、水力、风力、太阳能等。大多数再生能源通过转换为动能的方式来产生能源，如风力系统通过自然风产生的作用力驱动风车的叶片转动，进而带动发电机转子旋转、切割磁力线产生电磁感应，从而形成电能。水力发电的原理与风力发电相似，是通过水压变化与水流推动发电机转子转动进而产生电能的。在这些获取再生能源的方式中，有较大实际用途的很少。其中，太阳能是少数被大量采用的再生能源。

太阳能利用半导体的光电效应，通过光电二极管直接转换成电能。太阳能的应用有很多，除了太阳能发电站，一些小功率电子设备也会以太阳能为能源，如计算器、微型处理器等。不过，针对不断发展的电动汽车，太阳能却没有实际应用。其原因在于太阳能获取的能量密度有限，加上太阳照射的角度是时变的，导致太阳能有效接收角度受到限制。太阳能的转换量由太阳能装置的尺寸规模决定，利用太阳能使一辆搭载电磁驱动装置的车辆充满电，不仅费时、不具有经济效益、使车辆美观度大打折扣，而且会对车辆的各种自然抗力产生反作用。因此，太阳能的应用一直受限于集中发电的电厂，以及小功率的电子产品中，而无法大规模应用于车辆。

19 世纪末，在偶然的光学实验中，人们发现金属介质制成的光栅结构中出现了奇异的衍射现象，但当时的精密材料加工技术不发达，该研究没有受到关注。直到 1941 年，研究学者在实验中发现，光线通过空气介质撞击到金属介质时会产生电磁波，这项研究才受到瞩目。现今的纳米加工技术进步很快，金属光学理论得到验证，这对改善太阳能的接收角度、转换率、能量密度等有着至关重要的作用。未来载具或大量电子设备的能量供给装置，或许能够因为这样的研究发现而实现再生能源的实质性应用。当然，或许也会有更多的新能源出现，实现更有效且更低成本的能源利用。能源探索一直在前进，前方依稀可见，但绝对没有终点。

Science Bubbles of a Geek Head

5

数十亿年的光阴宛如昨日，生物顽强地以不同的形态存在于不同的环境与时代中。未来，机械会超越生物，还是会以效仿生物演进的形式而存在？

人工智能、仿生视觉、活动机体、永续能源等不断被提出，赋予了机械生命特征。当然，要真正拥有生命，依旧还有一段路程要走。尽管最终产生的生命形态与昆虫、禽鸟等有着极大的差异，但将非生物体生物化这项研究从来没有停止过。

第5章 机械生物化

01 传感器

落于没有光源的深水之中，听不见任何生物发出声响，看不见任何物体，只有阵阵穿透皮肤的寒冷侵袭，在宁静之中依稀听见一缕有规律的脉冲，那是脉搏跳动与活着的依据。倘若再将触觉与听觉抹除，那便真是一片虚无了。感官是人了解与学习陌生环境的主要途径，人通过感官的刺激及不断的比对使行为精炼和更合乎逻辑。每一种感官都有其对应的功能与限制条件，必须通过特定的操作或环境变异来发挥作用。将手放入冷水中，再注入一瓢热水，由于温度的扩散使局部水温发生改变，手部皮肤能够感受到温度由点及面的变化，这是一个随时间变化且感知模糊的状态。人逐渐接近一个物体时，每次的靠近都会提高清晰度并放大眼中物体的尺寸。不过，当靠近物体，而物体的视觉尺寸不变时，视觉会因为物体大小与清晰度不匹配而感觉到突兀，并且可能无法解读图像的部分信息，如空间位置等。例如，乘坐一辆静止不动的汽车，当周边景观开始向后退时，乘坐者可能会误认为汽车正在向前移动。当进入一个嘈杂的环境时，人并不能清楚辨别出所有的对话内容。这些生活中常见的事件与现象，都无法用统一的标准界定决策流程，每个事件都是由多种感官产生的综合性决策方案。因此，独立的感官虽然各有特长，但也存在非常显著的模糊性——必须通过多感官的交集才能获取有意义的信息。在数千万年的发展长河中，生物的某些功能正在退化，如会动耳朵，但感官并没有发生太大变化，这是感官的平衡状态。

当面对一个感觉问题时，我们能通过很多方面来趋近于现实。比如，针对一碗面好不好吃的问题，可能的回答有摆盘很精致、配菜太咸、面条很有嚼劲、筷子太短不好用等。在这里，获得的综合性意见来自不同的感官，这些感官形容出一个自认为理想的答案，但也只限于个人的答案，换另一个人面对同一碗面条，或许就不再是相同的答案了。因此，综合性感官并非绝对标准，而是因人而异的决策结果。如果逐步将感官抽离至仅剩视觉，那么对于摆盘精致这个回答，可能答案会比较一致。所以，感官的信息获取越单一，得到的答案虽然有限，但越纯粹。不过，真实世界是很复杂的，随机性也很高，存在很多不确定因素——在生存定律上，并不需要绝对准确的决策。工业革命是机械自动化的起点，自动化设备已经成为大量生产的必要手段。不过，机械自动化并没有为机械提供生命特征，原因在于专项的传感器制约了机械的工作形态。环境对于机械而言，仅是特定的工作场景，并不需要完全被感知。

自动化对于车辆而言则不同，自动化车辆赋能需要具备生物般的综合感知能力。其中，赋予机械感知能力的装置被

称为“传感器”。传感器的种类并不多，也非常有限，原因之一是机械传感器朝仿生的路线发展，使得传感器的形态与期望赋予的能力受到限制。常用于车辆的传感器有超声波传感器、毫米波雷达传感器等，更直观的条件是采用光学摄像的方式获取信息，或用波形感知来概括所有传感器感知的方式与反馈内容，因此，人为定义的车辆传感器与生物的感官相比，极为薄弱。

机械获取信息的方式与生物也有很大差别，生物对于环境的感知是一个仿真的组合，所以没有任何一个感官处于绝对标准的地位。但是，对于机械来说，传感器所反馈的信息均是实际值，机械并不能用分析的手段来理解环境所反馈的内容。因此，这些不同的波形反馈，在人为操作后产生了很多分析方向，通过分析不同波形的限制条件与适应环境，便可取得波形间的最佳匹配决策。除此之外，现代通信技术的发展，使远程信息也能及时被获取。机械的能力得到不断扩充，使机械更易于在多任务的环境下工作，并且可以通过对每个信息源的信息进行分析来获得如处闹市中也能解析出每个人对话内容般的强大能力。人为赋予机械生命特征，实际上多数是人为希望的样子，也就是将机械变成生物的样子。但是，机械的逻辑思维与生物存在差异，因此人为的设定始终无法真正符合生态体系。如果将机械变成生物的样子，那么在逻辑意义上所设定的传感器或信息传递的思想，可能需要进行巨大的变革。

02 波动

波是能量流动所产生的振动。能量通过不同介质时会表现出不同的性质。例如，以水为介质的波动，通过外力给予介质作用力，使得能量逐渐在介质间扩散，其扩散的形式受到作用力与反作用力的影响，呈现振动并形成涟漪。不过，涟漪现象是视觉观测时给予的表述方式，在看起来很平静的水中，依然存在着波动。1906年，英国李维斯·查德森为了获取船舰的水下情况，通过低频喇叭与收音器制成了水下探测仪，即声呐系统。第一次世界大战期间，各国间的水下作战掀起了一场武器竞赛，使得能够探索水下信息的声呐被广泛采用。由于电磁波容易被液态吸收，所以声呐几乎成为唯一的水下通信工具。不论以水作为介质，还是以空气作为介质，只要存在能量响应，即会产生波动，其差别在于对应的能量是否与介质匹配。并不是所有能量都能在所有介质中形成波，如橡胶就不能对电能产生响应，但辐射热却能使橡胶产生波动。波与介质存在绝对的依存关系，只要有波动产生，就一定有介质存在。真空是指特定物质不存在的状态，事实上并不存在完全真空的状态。

波的作用力与反作用力是并存的。波动会随着传播的距离与扩散的范围逐渐减弱，当面对无法得到良好响应并且无法穿透的物体时，甚至还会产生反弹。反弹会根据阻挡物的形状、大小与直线传播方向的角度等，产生反射或衍射等现象。在一片静止的水面上，能看见倒映的一轮明月，这是光子接触介质

时产生反弹并被眼睛接收之后所产生的“映像”。由于大量离散的光子产生的能量不同，因此映入眼帘的色调有所差异，不过其传递的时间是一致的，因此会显示出视觉图像。相同性质的波，不会因为强度的大小而在均匀的介质条件下产生差异，所以在大面积的信息反馈中减少了需要比对的内容，使人可以更容易地解读出波中所包含的差异信息。如同水面的涟漪，波的扩散可以分解为无限多个截面，当与物体发生碰撞时，不同的反弹现象使截面发生变形。通过接收器收集反弹的波动，再将其与原始波动进行比对，找出二者的差异，便可以得到物体表面形状的特征。

通过波在均匀介质中的等速传播，能够准确地换算出波传播的距离及准确的接收位置；也能通过物体间的位置变化及波的反弹时间，获取物体间的距离及角度等信息。不论波是由何种能量形成的，对于机械而言，都能够通过波的变化来感知空间场的变化，以此来理解环境所给予的信息、现状以及可能面对的问题。不过，在瞬息万变的自然环境中，介质中存在杂质，会使波的传播路径发生改变。在混杂随机物质的介质中，波的传播速率会发生改变。因此，通过大范围的感知，不仅能得到物体的反弹信息，也会对自然条件产生的干扰进行叠加。在凌乱的空间场中，对真实环境的理解会存在很多漏洞，这些漏洞需要有效的补偿。对于现有的技术而言，补偿的方法是信息的拟合，通过两个以上的信息拟合——提出一种关系算法并进行权衡，来填补缺损的信息漏洞。不过，这些技术只能模糊化干扰产生的缺损，并没有真正解决环境的真实问题。自然发生的随机事件实际上都是环境的一部分，生物能够应对自然条件下的问题，是因为它们可以从经验中获取解决方案。对机械来说，它们所面临的自然条件与生物相同，它们能通过波的信息感知空间场的变化，而自然形成的掺杂也是自然的一部分，因此，在解读波动条件时，对于其中的掺杂的处理，就如同生物在经验累积中针对特定问题的演化，只有去放大现实的问题，才能够真正解决自然中存在的各种变量。

03

点线面

生物的感知存在模糊性，并不能通过单一感知来获取绝对的真实，不同的感知能够逐渐拼凑出多维度的可能性，并叠加成个体。因此，缺少了多维度，决策的真实性就会降低，决策也就无法表述出完整的环境现状。但是，对于机械而言，却不尽然，机械的传感器所获得的是环境给予的准确数值，尽管可能包含很多不必要的成分，但都是真实环境所给予的环境参数。机械感知的环境的所有形态变化实际上只是环境参数的变化。当天空突然下起雨时，生物并不会将环境与雨水分离，而会将其看作一个整体，也就是此刻是下雨的状态。但是，对于机械而言，突如其来的雨水是一个外来参数，环境参数被叠加了下雨参数。因此，参数的分离与叠加意味着环境变化是一个可计算的条件。相反，所有的参数都能够从现状中抽离与组合，那么对于环境的理解，就如同不断抽离的感知能力，更加纯粹，而且有一致的标准。

空间中的任意一点，包含了坐标、距离、角度等信息。生物若只通过视觉感知来观察，就很难察觉细微的变化和异常点。但是，当一个均匀的同色调影像中出现单一色块偏差时，该色块便会吸引视线并获得关注。当凌乱的色块堆积时，视觉很难获得有效的“线索”。在检测色盲时，一种色调的圆形色块中包含另一种色调的色块，产生视觉信息传达。要辨识出所传达的信息，需要通过排除色块来凸显特定相近色块的信息。

这些信息的获取是通过辨别两个不同色块间的差异实现的。但是，这些差异的组合仅能提供有限的决策，如卡片上出现的是“5”这个数字，而其他信息内容将被模糊化或省略。机械传感器获得的视觉信息与之有很大的不同，机器视觉辨识的内容是绝对准确的，获得的色块可能来自空间中的不同色调的组合，但对于空间中的任一点都有具体参数。因此，混杂条件下的每一点都有其传递的信息内容，单点的信息内容可针对特定的色调进行提取并解析出所代表的独立事件。所以，不同独立点可以发生不同独立事件，使得一个有效视觉区内的信息变成多种独立事件的拼凑。这些拼凑也能进行拆解，这样一来，需要处理的信息量就会逐步减少，有限的计算能力也能完成这项工作。

机械通过点与点之间的关联，解析出简化的线条视觉，而不需要如生物般获取所有的信息内容。由线条拼接而成的轮廓是对点状事件的集成与简化，减少了后期对每个事件的解析，但也会产生缺损。该缺损来自每个事件的独立性。若将关联事件定义为新的独立事件，那么可能存在的单一事件的独立性与随机性将被降低，不过，这样却能够更快速地分析有效视觉中所包含的可能性信息。虽然通过关联能够在点与点之间建立连锁关系，但每个点仍包含自身的独立参数，此时可将每个包含在轮廓内的点划分为更细致的线。相邻的关联线或轮廓密集度越高，越能产生统合总体的面。这种由点、线、面所组成的内容，是一种被称为“点云”的点数据集合，能够将信息内容由繁至简和由简至繁地进行双向解析。虽然机械现有的计算能力非常有限，无法实现非常细致的独立点分析，但在组合总体事件能力上，机械已经拥有趋近于生物感知的识别能力。并且，机械以独立点的分析为起点，能够快速地回溯所有事件的连锁特性。因此，在下雨天的环境中，机械可以通过事件关联性来感知空间环境，并且采用单点的参数分析了解下雨的内容，如雨滴大小或是否起雾等，从而实现全方位的环境感知。

04 视觉扩展

每种感官都有特长，但也存在不足，没有一种感官有能力获取全部的感知信息。而且，感官的能力也存在上限与下限。以人类眼睛的能力为例，在视觉有效范围内观察物体时，直视的视觉为最佳视觉。由直视的中心点向外扩展，视觉影像受到眼球曲形表面与大脑图像分析的影响，呈现放射状递增性模糊。这样的视觉特性限制了视觉范围的大小，不过人类眼睛的能力实际上已经扩展到了最上限。曲形的表面，使得有效视野更广，若为平面，则物体入射角度将趋近于直视。边界的逐步模糊特性，缓冲了人类对于视野断面的不适感，并为人类提供了视野的延伸。当左边有一个物体处在视野模糊的边界时，由于眼睛看不清目标物，人的反应是期望看得更清楚，所以会将视线转移到左侧，从而看清楚物体。多数哺乳动物的眼睛与人类相似，其原因在于多数哺乳动物需要通过眼睛来追踪与锁定目标物。

由模糊至清晰，产生了天然的聚焦能力，针对主要目标不断调试清晰度，并且将不是主要追踪的目标模糊化，以减轻大脑对视觉内容的分析负荷。在自然界中，不同的生物种类均有其对应的环境，其感知能力需要不断演化来适应自然条件。鱼类生存于三维空间中，得益于其球形的水晶体与眼球生长位置，多数鱼类拥有全视角的视觉能力，这使它们能够最大限度地观测环境。但是，球形的水晶体也使得鱼眼降低或失去了视距的辨别能力，鱼类仅能通过物体的大小与光影的变化来辨识距离，因此容易出现对环境的误判。

生物的视觉感知虽存在不足，但为了生存，均达成了有限能力的最佳平衡。1839 年，法国美术家和化学家达盖尔制成了第一台能够变焦与通过感光原理实现图像输出的设备，成为相机的鼻祖。虽然只能够显示出光的渐变所拼凑出的图像，但由

于能够留存影像，该设备依然受到广泛欢迎，而且有很多的研究对其进行了改进与提升。实际上，相机与生物眼球并没有太大差异，只不过相机获得的图像是真实影像映像的剪影，因此图像任意区块的清晰度均保持一致。

对于相机来说，照相的过程只是一种记录，它无法理解图像的意义。与生物眼球相近的视觉原理及显影方法，是获得更高视觉能力的工具。如果眼球成像与蝇虫类的万花筒视觉一样，那么即便能够获取信息，但由于成像原理的差异，也无法获得有效信息或无法分析内容。在现今的生活中，通过模拟眼球成像提供视觉感知的装置遍布生活的各个角落，这些装置的应用使人类视觉扩展至任意角落，但这并不能弥补人类视角的缺损。原因在于模仿相似的结构与能力时，也附带了相仿结构、能力的限制。不过，对于机械成像来说，机器视觉仅是影像的映像内容，仅是图块的变化，对机械感知毫无意义。与生物的综合图像分析不同，机械对于单点图块的解析能力相对突出，且空间任一点的内容都有其信息参数。因此，通过分析多个机器视觉获得的成像内容，便可轻易地实现比对与重叠。在不同的成像内容中，机器视觉将近似内容参数进行关联与标记，使不同的图像内容实现拼接。当视觉图像来自多个不同平面坐标所提供的内容时，拼接便能获得更大篇幅的图像内容；若图像来自不同的空间坐标或曲面坐标，拼接便能够获得更大视角的图像内容。因此，可视图像通过机械的视觉感知能力来补偿视角缺损，并且获得全视角的扩展。当然，车辆已拥有与生物感知能力更近似的能力，虽然初始目的是辅助人类视觉，但已初步体现出其了解自然变量的能力。

05 分析与汇聚

机械虽然通过近似于生物眼球结构的方法来成像，但由于不具备思想，因此无法理解图像给予的信息。对机械来说，图像仅是复数信息源的随机组合，并且受限于特定的边界条件。就像一种无法解读的语言，即便阐述者说得天花乱坠，对于不理解其语言的听众来说，也只是增加思绪上的错乱罢了。在机械视觉中，每个图像可以表示为有限多个独立的像素，若像素是从空间中获得的，则分布于空间中的像素会被标记上数值。有别于生物图像的仿真识别框架，在现今的电子计算中，计算机获取的图像内容并非一幅图，而是数字与图标的组合，它会清楚地描述出该点的空间坐标，显示画面三原色（红、绿、蓝）的比例与灰阶（黑白比例）、亮度等信息。计算机通过一系列的信息编译，将一组包含图像中所有点特征的信息传输给显示屏，显示屏在有限边界的屏幕上显示出不同的色块，并拼凑出趋近于接收显影的图像。这些色块实质上并不是真实的颜色组合，而是每个像素组成的非常小的单元，人类视觉将包含三原色的色块混合，从而形成了视觉上的色块。

色块是三原色的参数所给予的数字信息，不同于生物视觉需要理解观测的总体变化，机器视觉是逐步寻找差异边界并获取信息的。机器视觉为每个像素建立了标准参数，使得图像编译与解析数字化，并且去除了单一色块边界的模糊性，使每个色块具有了独特性和伸缩性。其中，独特性是指每个色块代表着不同的数值，伸缩性是指通过有限的解析能力可将色块放大。这使得不论像素尺度如何变化，每个色块所需要“消耗”的辨识能力或计算能力并没有太大差别。不过，放大的像素会使图像逐渐失真，如同印象派画作，需要一定的观赏距离才能够获取图像信息。对于机器视觉来说，只要处于信息可解析的能力范围内，即可完成图像的伸缩变化。

不论机械还是生物，都无法在诞生时就通过感知能力准确辨识出自然环境的所有变量。比如苹果这个物体，如果在学习的过程中将其与“西瓜”这个名词对应起来，那么与苹果建立链接的就是西瓜。当然，这并非错误，而是生态环境产生的规范内容，符合规范才能够在集体性强的团体中生存。机械也是如此，不论通过何种传感器获得图像信息，在最初的逻辑上并没有意义，它必须建立一个链接体系，将传感器与知识及数据链接起来，才能有效地识别自然环境中每个变量可能阐述的信息。不过，空间中的三维物体在结构上可能存在各种角度、形状、色调等的变化，这对于机器视觉来说是严重的阻碍，原因在于任何条件变化都会产生新的形态，使得单一物体的形态可能有无限多种组合。与生物的学习过程相同，机械需要建立一

个尽可能覆盖所有可能性的图像或特征数据库，通过调阅背景信息和比对等来更有效地识别环境信息。如果在一面无限大的白墙上绘制一辆尺寸较小的汽车，机械可能会判断与白墙还有一段距离而不断地向前行驶，最终撞上白墙。相同的，生物视觉也可能存在这样的问题。不过，生物的感知是多元的叠加，通过模糊的交集来趋近环境所给予的综合性信息。因此，仅凭借成像解析，机械是无法准确识别自然环境的。在相同的自然条件下，不同的生物虽感知能力不同，但功能大致相同。所以，只有以获得如生物般的感知能力为基础，才能够准确识别相同的自然条件。不过，现今人们对于机械的发展思想，仍处于辅佐人类阶段，这也限制了机械传感器的样貌。如果机械配备生物般的视觉、听觉、嗅觉及触觉等方面的传感器，或是特化出一套属于自然法则的系统，再加上数字逻辑的可控性，那么机械将被生物化而产生新的演进过程。

06 互动

人做决定或多或少会有一定的主观性，而机器做决定都是有数据支撑的。

哭泣是一种少数生物特有的情绪反应，是一种平衡转化的方法，生物借助哭泣来释放压力，平复起伏过大的情绪，并且表达出超越语言的内容。灵长类动物的表情非常丰富，如高兴、郁闷、疑惑、愤怒等，都能够通过面部的扭曲变化表达出来。这些不同的表情，也能通过文字来定义，不过需要额外的学习与链接，才能够将文字与表情关联起来。表情就如同一个特别的符号，虽因人而异，但其内容能让人快速联想到某些可能性。

表情的细节极为复杂，如微笑、大笑、狂笑、喜极而泣等。各种表情都可能影响符号的变形，轻微幅度的改变就可能使表达的意思完全相反。雄性孔雀在求偶期会将尾部羽翼竖立撑开，而雌性孔雀则通过羽翼的丰沛、色泽等条件来吸引雄性孔雀的关注。此外，求偶期也是相互斗争的高发时期，为了满足生理需求，雄性孔雀尽可能地占领团体优势与控制地位。不论表情的变化，还是肢体动作的描述与表达，在多数的条件下并不需要提前学习，这是一种生理与心理产生的自然行为，也可以说是一种直觉性的反应；当然，也能通过后天的学习来加强其产生的效果。不过，这些行为的产生有着共同点，即减少逻辑思考的时间与最近似的模糊描述。

机械与生物存在先天差异，机械无法通过自然环境的刺激来获取新的能力。其原因在于感官的数量级不同，对于人类来说，没有一处不存在感官。但是，对于机械而言，传感器只是局部的配件，不仅不全面，而且很被动。不过，现今的传感器已经能够获取信息，并通过人为编译的过程给予相应解答。

传感器获取信息的方法很多，如文字输入、语音识别、仪态识别等。传感器通过给予机械指令并对这些指令的反馈条件进行解读，便可使机械了解人的需求。在机械逻辑演化过程之初，特定的指令只对应固定的条件反馈，如开关电灯时，只有开启与关闭两个动作，其对应的仅有电灯开启与关闭的反馈。随着背景条件逐渐扩展成数据库，在不同的行为组合下，对应的条件将不再只有一个。这使得机械衍生出了一种趋近于生物逻辑般的、模糊比对的决策特征，不同的是生物的模糊特征是绝对的模糊，而机械所给予的是量级的比值，所有背景均为真实条件。依照决策路径的比值所组合出的反馈内容，在初始阶段无法符合生物环境的逻辑语言，但在拼凑字段解析中却能够概括地了解机械给予的反馈。随着语意数据库的逐渐壮大，通过大量的语意筛选及不断的调整，机械能够根据不同的语言、口音、内容等做出较为合理的反馈，但这依旧是由对应关联性的比值组合而成的。因此，机械仍然无法解析生物由心理与行为组合而成的表述内容，如谎言、郁闷、咆哮等。

视觉也是机械传感器的重要一环，机械通过空间的形态与变化来了解环境给予的信息或可能存在的问题。不过，对于机械逻辑而言，视觉与文字、语言等并没有不同，也是通过相应的背景数据比对产生信息交流的。不过，空间变化的模糊性比语言表述更复杂，发展也更缓慢。再者，生物的情绪表达与表情或者说仪态没有绝对的重合，这也更加降低了视觉信息交互的可能性。机械在有限的数据库中将空间信息与指令信息进行内部关联。在人与机械的交互无法达到良好的协调时，机械会通过多种信息整合方法来趋近于真实的内容。这使得机械与人拥有更完善的沟通体系，而形成沟通是一切智能的起点。

07 原生系统

每个人在成长过程中都会经历很多外在环境带来的困惑、压迫、喜悦或无奈等，这使得每个人都有独特的个性。两个不同的人在遭遇相同的事情时，会产生不一样的想法、观点与行为。由于积累的知识、价值观、情绪等不同，不同的人对同一事物可能产生不同的想法与评价，这使得个人的独特性更加细化。生存的渴望是生物不断演化的推手，为了获得更完善的生存条件与最大化地拥有资源，生物的任何行为均是现有能力的优化。优化的发生涉及无数决策比例，通过人体无数的神经系统与肌肉组织来实现，当然，也可能由于先天不足而导致能力丧失。如果想让现状更加完美，就必须重新分配决策比例，但对于生物来说，将有限的资源进行重新配置需要付出代价。这个代价可能导致其部分能力下降，如伏案工作的人，需要长时间保持同一个姿势，这使得臀部肌肉松垮且腰椎前倾。思想逻辑也是如此，在做出任何一个决策前，它都会列出方案列表，这些方案从顶部最相关的决策向下扩散，由最清晰至最模糊。这是一个不断被修正的决策逻辑，每一步均表现出每个个体在任意时空下的所有行为，并通过人与环境的交互影响达到最佳的和谐状态。

随着数据存储与通信网络的发展，云端平台的建立使计算机实现了信息交互与无限扩容。唾手可得的信息，可通过任意网络平台进行查找与连接。但是，存储区的增大以及数据的丰富并不代表产生了智能，只说明获得了一个更便捷的信息获取途径和更大的信息平台。不同生物的脑容量差异非常大，但均是智能的表现。因此，智能的特征并不是足够大的大脑，而是个体的思维逻辑。此外，思维逻辑会因环境与需求而改变，使得每个思维逻辑的样貌均不相同。

为了获得思维逻辑，科学家模仿生物的神经网络来搭建拥有决策能力的机械系统。2004 年的电子老鼠实验使用一部仅有手心大小、带有纵横两轴步进电动机的移动载具，并在其周围放置数组对称的感应组件作为传感器。实验将电子老鼠放置于小型迷宫当中，通过有限的存储能力与开放式的决策能力，让电子老鼠在迷宫中探索出口。传感器接触到迷宫壁时，便会触发一次决策的修正，这使得决策逻辑几乎实时发生变动。经过反复实验，触发决策修正的频率逐步降低，而探索到出口所用的时间变得越来越短。最终，电子老鼠的决策修正次数与探索耗时维持在一个浮动区间内。接着，研究人员又将两只体形不同的电子老鼠放入同一个迷宫中探索。将两只电子老鼠的决策逻辑进行比对，结果显示电子老鼠的表现差异很大。导致这一结果的原因可能是体形的差异、传感器的间隔、移动的速率、彼此造成的干扰等。不过，最终两只电子老鼠均保持一定的稳态，而这个稳态的维持来自两个不同的决策逻辑。

通过这个有趣的小实验，人们发现，虽然无法获取每一个决策逻辑变化的准确原因与关联，但可以知道最终的决策逻辑来自环境给予的影响与自身的目的。由于环境越复杂，越可能存在另一个拥有决策逻辑的物体，因此真正能够符合这个环境的，并不是制式化的方法，而是一种符合自身的最佳决策逻辑。在自然环境中，没有任何一个物体是独立存在的，每一个物体都直接或间接地受到环境变化的影响，并不断地调适以

选择一个符合现状的最佳状态。机械智能化的发展路径也是如此，每个基础系统可能都不一致，大容量、高速率、低时延等并不能作为智能化的参考标准。智能能够产生不断演进的过程，并且找到符合环境的最佳状态，这是一种非线性的原生系统。

08 仿生机械

不同的生物为了适应不同的环境，会在体形、行为、功能甚至是饮食等方面做出改变。比如，草食性的羚羊为了躲避肉食性捕食者的追击，演化出了敏捷且弹力惊人的腿部组织。鱼类特有的鳃结构能够帮助其吸收水中的氧气。在石器时代，人类用兽皮或木片等来保暖与防护，而到今天，人类发展出不同材质与结构的服装，以满足不同的日常需求。过去，着装是为了提高生存能力，而现在，服装的功能越来越广泛，如防晒、防水、保暖等。当然，衣着如同孔雀的羽毛，能够在意识形态中提高个人价值，使潮流、时尚等认知掺杂其中。以鞋子为例，为了应对不同的道路和使用环境，鞋子分出了不同的样式和功能，如登山鞋、步行鞋、慢跑鞋等。当然，即便没有鞋子的保护，在长期的接触下，足部也会自然生出防护组织。

经过长时间的观察发现，生物体产生的防护组织与接触的破坏区域有关，例如，弹吉他的手指只会在指尖发生变化，这是规律性与有效性的产物，也是顺应自身条件的一种优化。对比生物自身的增强概念，机械的可适应性要逊色很多。现今的机械并不能通过环境条件的优化发展出一种符合环境的能力。不过，随着新材料的不断出现，机械的装置也能在不同条件下具备相应的功能。比如轮胎，低速运行时，有块状结构的轮胎表层会降低轮胎摩擦力，延长轮胎的使用寿命。高速行驶时，轮胎表层的块状结构增大，使轮胎具有黏性及弹性，并能产生

更好的抓地效果，降低漂移与震动造成的偏移。

由于材料的限制，机械无法像生物一样产生有效的局部增强，但对机械来说，快速的结构组合是自身的重大优势。通过结构组合，圆形轮胎可扩展为等距离齿轮，这种近似于履带轮的结构使得车辆能攀爬不平整的陡坡与上下楼梯。此外，也有许多研究关注利用磁悬浮或反重力作用等实现超越现今科技能力的创新。在液态金属的研究中，一种复合式的合金能够通过获取能量的方式改变自身形态，并且实现位移。此项研究的进展在未来金属实现变形或性能的改变上，跨出了重要的一步，或许在不久的将来，如生物般生长的机械将会诞生。

09 人体工学

人与环境的和谐包含了人与自然、社会等各种环境的和谐，人的每一个行为与决策都在天平的一端，当这一端发生变化时，另一端势必会失衡与崩塌。现今的车辆并不是独立的个体，而是服务于人的需求的一个工具。以服务人的需求为目的，或许不是非得制造出一个拥有人类样貌、行为、功能的智能机械，但以工具为导向的需求无法避免，这就像人类发现了火的功用一样，至此这把火就再也没有熄灭，且在不断蔓延。作为辅助性机械，它不仅要与自然定律保持平衡，更要与服务的对象达成共识，这要求智能化机械既具备通晓人类思想的能力，又能够完成人力无法完成的工作。其中，机械与人类思想的连接，来自不断积累的问题与解答。由于人类思维逻辑存在时间变量，因此预先配置的机械逻辑不能与之匹配。不匹配的细节可能来自文字组合的改变、突发性的想法等，因而制式化的机械逻辑无法满足人类的需求。这使得两者的定位被调换——接受服务的人类必须学习机械的逻辑才能与之协作。

原生系统需要具备基础的数据知识，如有云端数据库支撑或多个原生系统间能够实现知识交流等，然后通过像图灵系统那样的符号标记，再配合神经网络

的权重调适能力，更快速且更准确地从互动交流中产生符合使用者的智能化框架。这个框架是时变的，而且会对未来发展产生连锁效应，能够从与使用者的互动中了解描述的内容，同时从生活、语言、肢体反应等方面间接调整对某个事件的定义与配比。这一框架外在必须解读自然环境的变量以调适行为决策，内在则必须符合人类的思维逻辑，通过了解用户逻辑进行控制或提供解决方法，从而使决策不再是烦琐的逻辑过程，而更趋近于直觉。

当一个工具实现了其目标功能时，对它的持续开发并不会停止，反而会向着更高的目标或更大的价值迈进。在车辆实现了移动出行功能后，人们不断追求更高远的可能性，并且将追求与享受画上了等号。乘坐载具是一种机械动能与自然作用力的相互博弈，移动的本质是改变平衡的行为。车辆因能量转换为动能而实现移动，也打破了物体与自然的平衡。对于自然而言，任何改变都需要付出相应的代价，移动速率越高，反作用力也越大。不过，这些反作用力并不是人类所能够承受的，自然赋予了生物能力，也赋予了相应的承受极限。因此，在超越人类承受的极限时，车辆必须为人类提供相应的保护，以使脆弱的人体结构满足内在的匹配条件。车辆移动依靠与地面的摩擦力，若摩擦系数改变，则其运动速度也会跟着改变，因为在加速期间密闭空间中的物体会有一段加速缓冲期，所以在从受力到平衡的过程中乘坐者会感到不适。突然改变行驶轨迹也会产生类似的效果。

往一个球状容器中注入部分液体，向左移动容器时，液体会向右集中，持续一段时间后，液体会渐渐地恢复平衡。液体向右集中时会产生高低落差，这是作用力的平衡。借鉴这一现象，我们可以在车辆内部建立一个多维度的平台，尽可能地减少乘坐者的不适感。此外，内外作用力不匹配与生物的特征是相符合的，剧烈的运动使体能循环产生调节机制，例如通过排汗调节热能的囤积，通过油脂抵御对脏器的冲击，通过充血强化局部的肌肉组织。生物的这些自体调节现象与载具提供的环境类似，二者仅存在内在物的差异，即器官与零部件的差异。

生物化的机械并不是与人类相似的产物，而是一种更符合自然环境的存在形态，拥有能够进化的逻辑思维，是一种更安全、更便捷且更符合人性的产物。不久的将来，无重力感的车辆座舱将出现，更多再生能源将被应用，原生系统将不断强健，可重塑的结构材料将问世，高密集微型传感器将被使用……当然，这并不会使人们停止从想象到实践的脚步。对于群居于地球上的生物而言，自然环境也在扩大，已经延伸至浩瀚无尽的宇宙空间，并且还在不断地被探索与创造。未来就在咫尺间，唯有向前，向前！

Science Bubbles of a Geek Head

由单一至复杂，再由复杂至单一，包含了时间、空间、能量及物的集合，如果能够定义并任意地调整其中一项，那么将开启无限的可能。

宇宙间的万物都存在某种规律，这规律可能是多维度的结合，也可能仅是自相关。当两个物体形成新的独立体时，相互间便产生了牵绊与共生，如果相互脱离将回归永生。或许没有真正孤立的个体，因为不论如何变化，它都是宇宙整体的一部分。牵一发而动全身，每次调适都是在寻找时间、空间、能量和物的新平衡。

第6章 领域

01 黑球

无尽的黑是能量无法散逸的证明。不同的颜色吸收能量的能力不同，穿着黑色的衣服站立于阳光下时，会感觉比穿白色衣服时热。球体是平衡的象征，各个方向受力平均且内部物质能够呈现均匀的状态，任意点的受力不均都会打破球体完全对称的样貌。

有一种黑色球状物体能够吸收周围空间的近场能量，将其转化为自身的能量。黑色球状物体的表层由可变异的物质构成，物体通过吸收能量给表层的物质提供动能。该动能形成一种相互协作，物质产生微幅的振荡并推挤邻近的物质，使得表层结构产生周而复始的律动与转移。

当该球状物体被置于能够产生摩擦的空间中时，这些律动与转移将使物体产生移动，并且随着振荡的加剧，其移动速率也在不断提高。可变异物质受到加速度与自然产生的作用力的影响，使表层结构逐渐向作用力的方向转移，球状物体逐渐转变为近似于鸡蛋般前端尖锐、后端圆大的结构，以更好地抵御作用力。一段时间后，加速度达到平衡，球状物体的外观会逐渐恢复，物体将匀速前进。需要向右改变路径时，物质会逐渐向左集中，并且缓缓向右倾斜。因此，物质不需要通过变换行驶角度，就能够改变行驶的方向。当遇到不可避免的碰撞时，球状物体可随着碰撞的作用点，通过物质的转移能力将冲击

力转移至空间的其他方向，以最大限度地避免作用力向内部扩散，并且可以通过变异能力使表层富有弹性，避免作用力过于集中而产生致命的破坏。此外，冲击可能来自冲撞、坠落和摩擦等，使得球状物体能够在任意道路环境中移动。

球形载具内部充满一种特殊的液态有机物，乘客置身其中并不会吸收这些有机物，就像雨滴在高密度的伞布上凝聚起来但无法黏附在其上一样。液态有机物携带大量的氧元素，流经肺脏时，肺脏能够获取其携带的氧元素，而多余的碳元素则转为维持球状外观的能量，使得能量在一个小范围中不断地被循环利用，从而使利用率最大化。原子量级的微型视网膜薄膜能通过调整机械结构空间入射光的偏振与波长，在选取无数不同波长后呈现新的视觉图像。薄膜边缘分布着无数个神经传感装置，这些传感装置会通过视神经与大脑连接，将大脑中的行为与图像信息读取出来。

球形载具可不断接收空间中的无线信息，这些信息来自云端数据与多媒体信息、球体与球体的协同通信，以及空间站所传送的地图信息与操控信息等。此外，球状外观能够实现全方向的接收角度，并且其组成物质有很好的延展性与弹性，使其外观能够被拉伸，从而可以增加接收天线长度，进而提高接收效率。

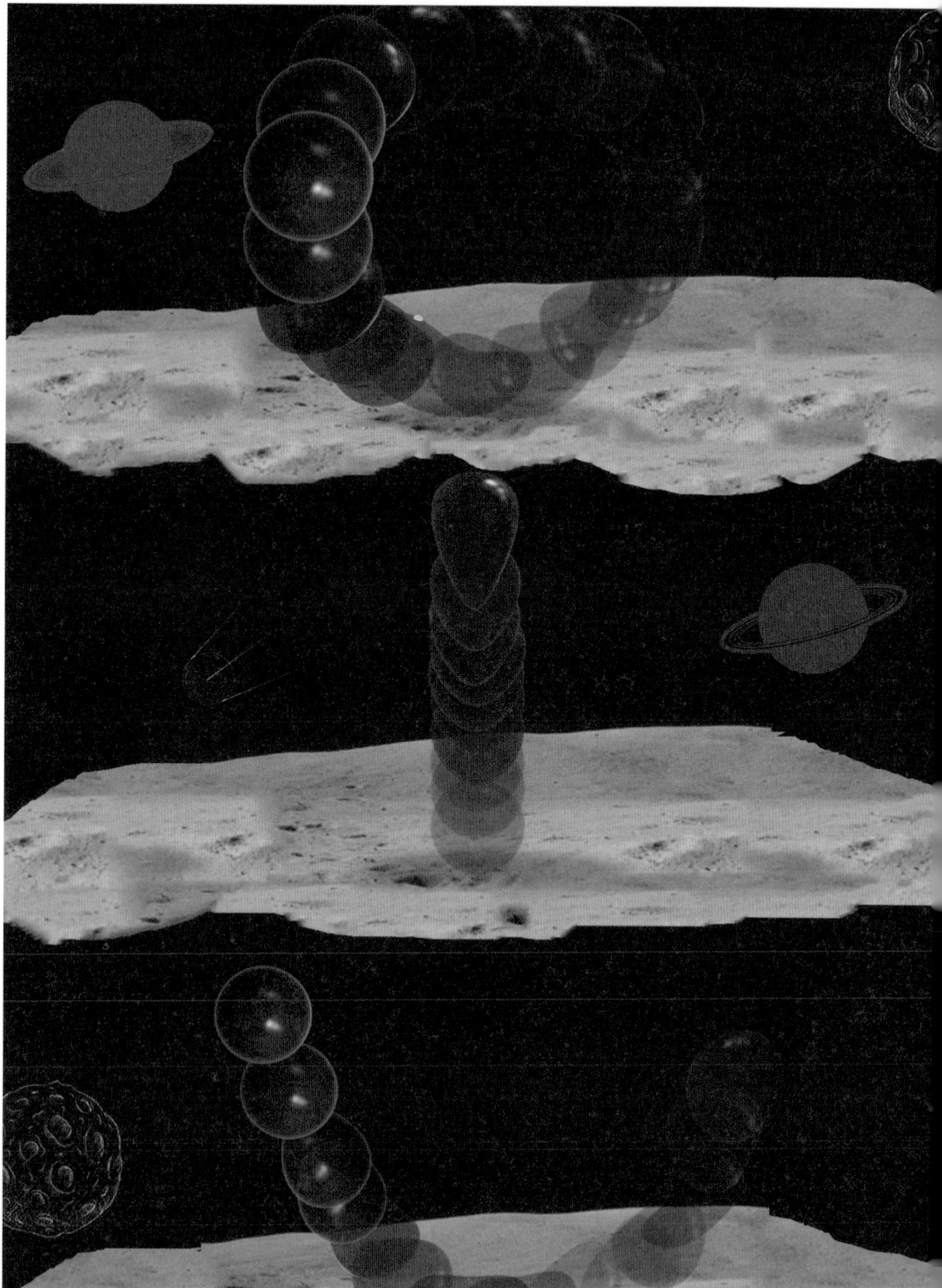

02 异形位移

任何一个事件的发生，均是连锁效应逐渐生成的组织框架，或许都能够追溯至原点。如果有两个不同的原点，且彼此间不存在关联，那么将无法发展出两者共同的组合状态，如思想、感觉或知识等。将有关联的原点拼凑起来，可以产生一个比较完整且可以理解的内容。例如，考古挖掘出一堆零散的土堆，从物质的角度来看，这些土堆并没有特别的意义，但土堆中包含了大量不对称的碎片，通过不断地拼凑和连接，考古学家便能够从中分析出事件及包含的逻辑内容，并将这些内容转化为知识。

如果将所有原点间的关联抹去，那么剩下的仅是一堆独立的物质，一个极为复杂的组织关系也将在一瞬间化为原始形态。机械存储器如同超大型储物柜，在相同容积与有限数量的抽屉中分别放入不同信息，这些信息会指出下一个需要抵达的目标，使抽屉与抽屉间形成关联，使用者通过一个又一个线索获得完整的信息流。被格式化时，每个抽屉的信息内容均被消除，即便存在有序的空间排列，使用者也无法获取信息，每个抽屉只能各自独立存在。通过写入信息，也就是重新填充抽屉信息，便可以在不同的地址上给出新的信息路径，原始的

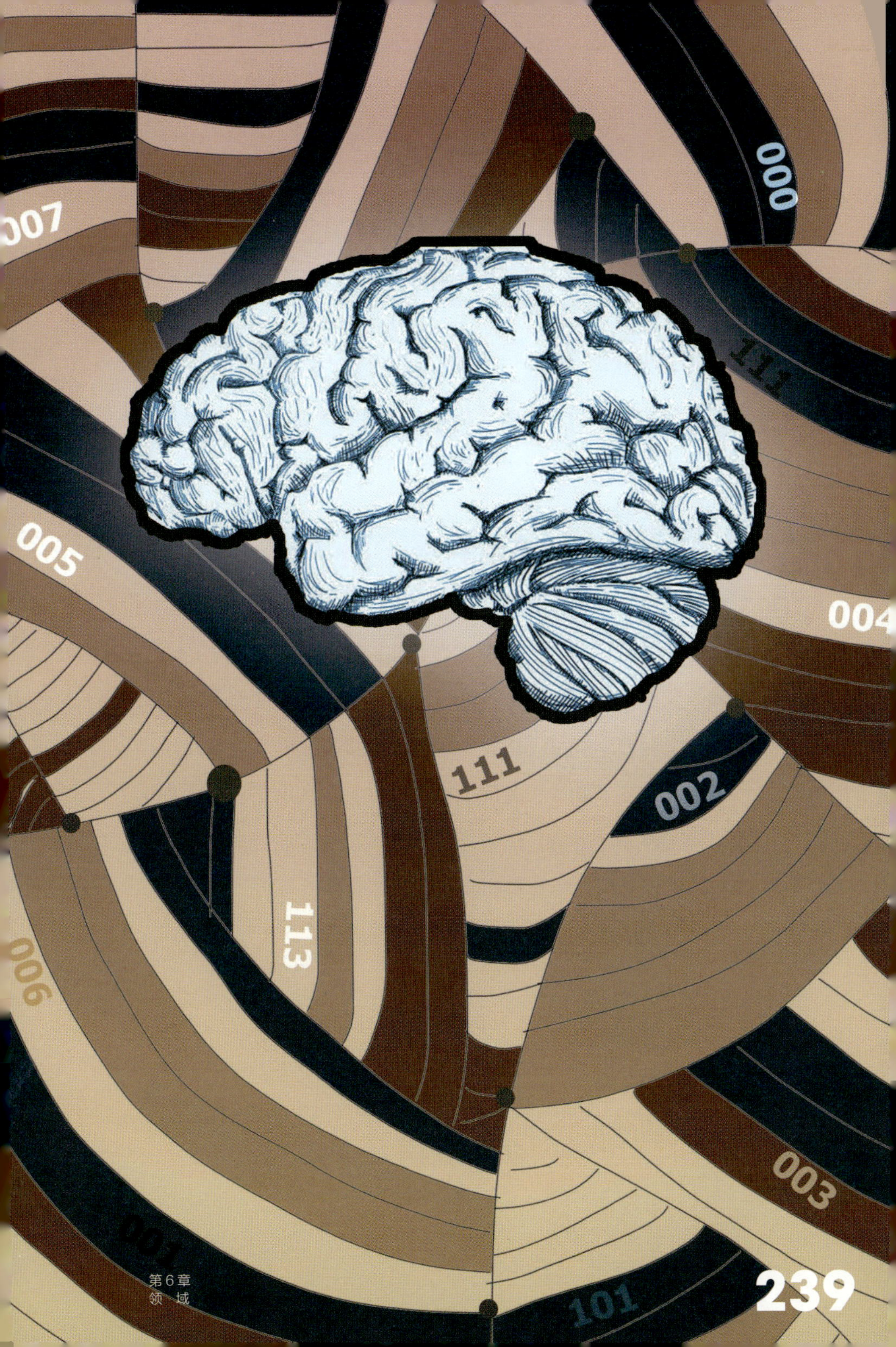
007
000
111
005
004
111
002
113
003
101

对应格式也能够产生相同的信息流。

实际上，每个独立原点看似相同却包含了不同的独立信息，如空间位置信息与构成条件等。因此，每个独立原点都是绝对的特殊存在，在空间中是无法被取代的。在原点的重组过程中，网状的连接关系可以被修改为不同的对应关系，不过这只能达到相同的功能或状态，与未分解前的功能或状态可能并不一致。因此，对于生物个体而言，差异会很大，如在猴子的脑中插入一段人类的记忆片段，对于记忆内容来说可能没有太大的差异，但对于生物个体而言就完全不同了。在分解的简化过程中，每个原点均需要标记专属的个体信息，使得在组织过程中保持排列的一致性。当物体被简化为粒子状态时，如果移除彼此的连接，在搬运的过程中将不会产生关联而形成事件。一个能够装载且不散失的结构，才能完整包覆这些离散的粒子，并将其运载或长时间地存放。在特定的时间、空间和地点，排列粒子“映射”出空间信息，再叠加网状的连接信息，便可以实现异形位移或粒子状位移。

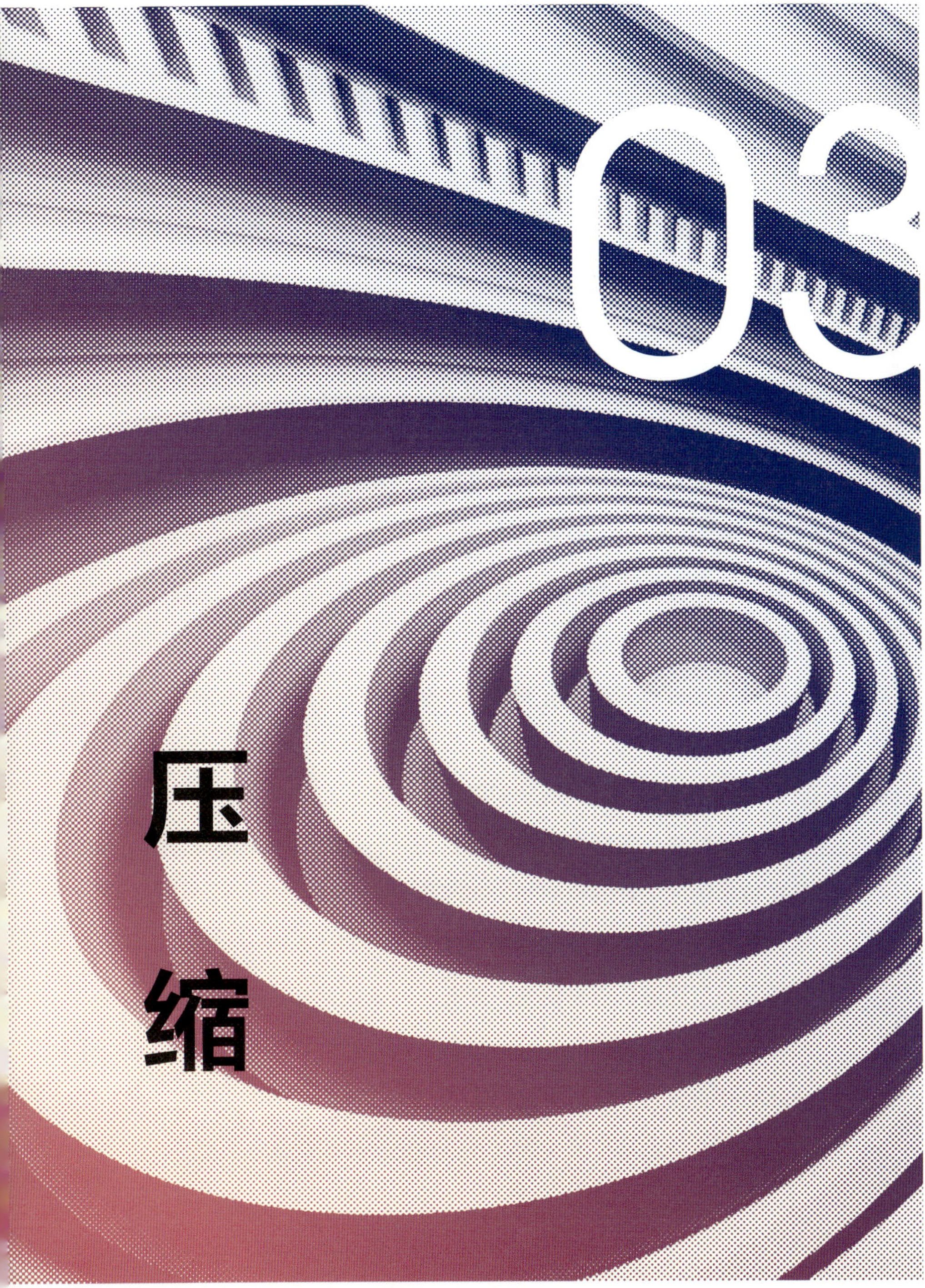

03 压缩

作用是一种关联，当两者不再有关联时，作用也将消失。当物体的原点回到最简化的粒子状态，距离不再被空间所定义时，粒子间将不存在产生碰撞与作用的途径，而无限多的粒子将被无限地堆积。这些堆积缩小了存储所需的空间，在一层又一层的叠加后，每一层仍不具有任何意义。无限多层的粒子叠加，对于空间来说可能只是占用了一个存储单位，也是最小化的过程。这些彼此堆积且不相关的粒子，会存在于自身独立的空间当中。如果一种能够容纳任何空间物质的存储容器受到极大的质量束缚，那么该容器所包覆的空间就存在不同维度下的任意粒子。容器中装载的任意物种或物质的最小形态，可能是生物，也可能是大型楼房。这个容器受到能量包覆和推挤，而且推挤速度可达光速，容器被快速地抛射于任意空间和位置。由于容器仅与自相关的位移点产生连接，因此任何碰撞都是无效的，人类视觉观测到的就如同一个闪现而过的凝聚物，跳跃而至，又以最小偏移量的路径向目的地行驶。这个最小偏移量是在数学角度下计算得到的，实际视觉观测得到的并不是一条笔直的直线。不论穿越多少岁月，由于它不产生碰撞，因此它将最大限度地降低能量损耗。最低的能量损耗使这个移动的容器看起来极黑。在一个冗长的过程后，容器将移动至目的地，并且与目的地的空间物体发生连接。

容器的终点是形成连接，并浮现出个体的样貌。当样貌形成时，质量束缚逐渐溃散，粒子被释放于空间当中，排列得井然有序。粒子自身夹带的独立空间信息，在不同空间地址中的有限区域内，对应着最初的组织样貌。然而，这只是空间与粒子的对应关系，粒子之间依旧不存在任何联系，各自飘散在空间中。质量束缚逐渐形成实体样貌，形成一组放射状的网状结构，而放射状的网状结构逐渐在粒子间穿梭。网状结构的节点处均有空白，这个空白与粒子存在关联，使得对应的粒子与之结合。当连接越来越紧密，粒子与粒子间通过网状结构形成集体关联时，视觉形象也将越来越清晰。最终，所有的动态静止，物体在分解前的实体样貌出现在空间中。由于空间地址与连接图谱一致，因此物体样貌、记忆内容和逻辑思维等与最初的组成一样。容器中的物质趋于无限叠加，使得极小的有限空间实现极大容量的填充。

在有限的资源环境中，能够被压缩进一个容器中的可能是一个星球的所有内容，也可能是一个星系的所有内容。当然，这些粒子、空间信息和连接等都能够被计算及复制。因此，在不同时空中植入相同的内容，个体将会被完整复制出来。特定空间中的个体在时间扭曲的不同维度下都占用了一个存储单元，而且不同维度下的粒子能与不同维度下的粒子产生连接。也就是说，在现在的空间维度中，该粒子可能是人体的一个粒子，但在不同的维度中，这个粒子可能是树木的一部分。如果将连接图谱映射于不同维度，那么任一维度都会有同一个物体存在，它不仅能够存在于空间中，也能够存在于迭代时空中。

04 传送

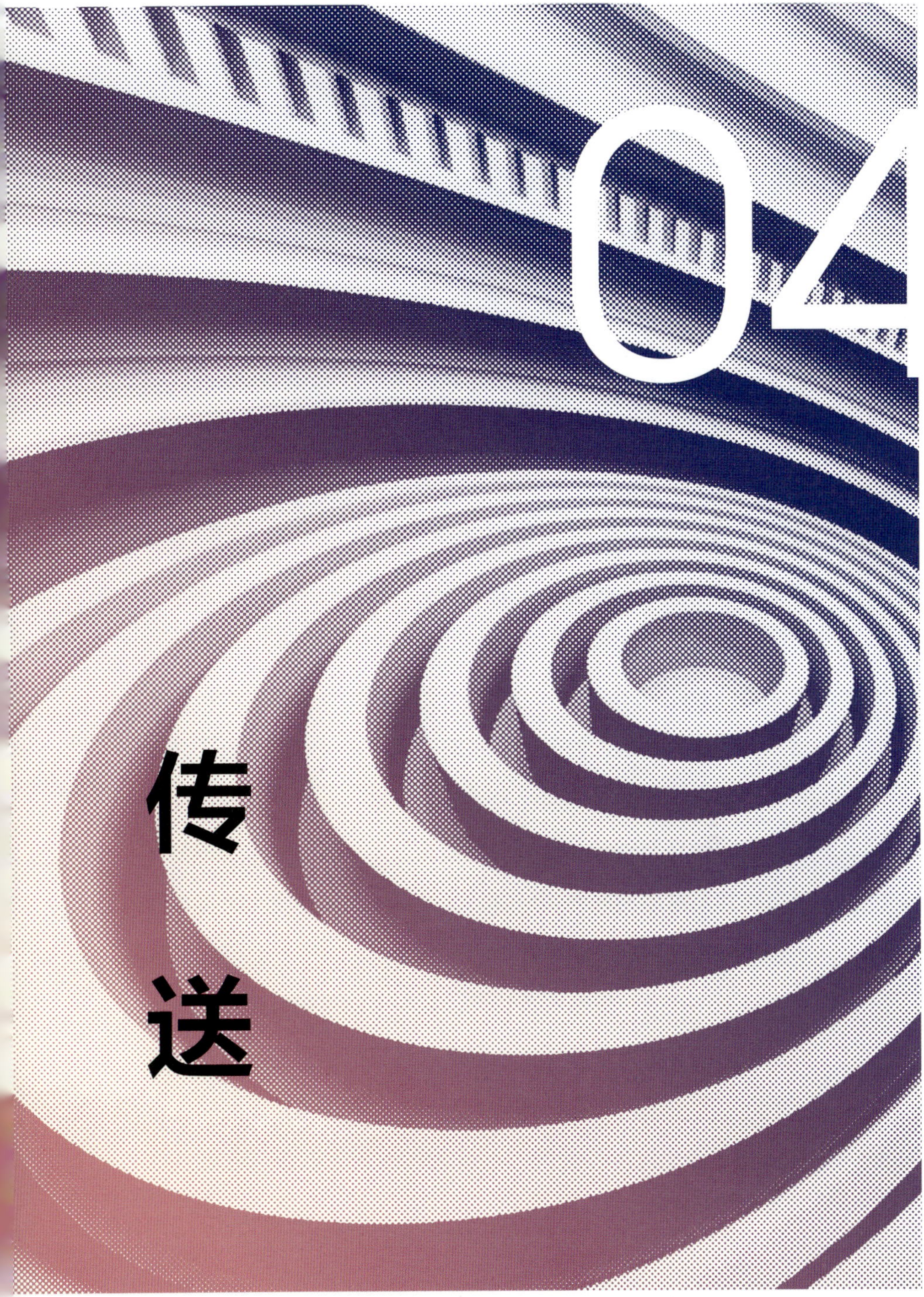

如果宇宙是一个大型水缸，那么任何放置于其中的物体都会占用一部分空间，都存在独特的领域。各领域间存在差异，不仅占据空间，还会将水缸的水向外排挤。每个物体都包含不同的质量和能量，使得周围领域产生时间与空间的扭曲，其中的时间并非狭义的时间，而是一种衰变周期。不同的衰变周期有着独立的时间轴，个体在不同的周期间跨越时，必须跨越领域产生的扭曲带。

当落入不同的领域空间时，时间的定义也会发生改变，不过物体自身的时间却没有任何变化。生物不会因为时间扭曲而增加或减少生命，因为生命的周期来自自身粒子的空间衰变。不过，当两个物体被分别放置于不同领域中时，两者的时间却不完全一致，一个领域中的活动可能在不断快进，在数秒内就播放完一生的故事；而另一个领域中的活动则可能看起来极度迟缓，每一帧都像定格般慢慢切换。不过，一个个体即使在不同领域间跳跃与切换位置，其时间依旧不会发生变化。但是，再次回到与群体相同的领域时，这一个体会由于上一个周期的不对称而出现时空背景差异。

每个存在的领域都有其特性，我们可以用每个领域自身不完全相同的作用关系和系数来定义其特征。由于能够找到对应关系，因此关系式能被计算得出。当一个物体与特定的领域相对应时，这个物体将被吸引至该领域的场中。若不考虑其他

力（如重力、弹力、摩擦力等）的影响，在自由空间中，这个物体会以无限加速度移动至对应领域的场中。由于无限加速度可能使移动速度超过光速，因此当以无限大的速度撞击空间时，空间也会被牵引扭曲。物体看似撞击到了阻碍物，但实际上它也在扭曲的空间中穿行。这个穿行并非指转弯，实际上物体移动仍保持直线加速度，但对于空间而言，物体更快速地抵达了目的地。当载具被设定为特定星球的领域条件时，在生物思考还来不及反应的瞬间，载具可能已经抵达了目的地。对于生物感知来说，它可能仅在刹那间就完成了星际旅行。对于空间来说，在达到一定的加速度时，会出现空间跳跃的现象，就如同打开了一个极大的引力场，将所有的能量与物质吸引了进去，这看似吸引的过程其实是空间扭曲的一种形态。对于路径来说，这是快捷方式，将所有冗长快速掠过。当然，载具不一定只负责运输生物或物体，通过与领域的对应，载具也能够在极远处传输信息。在此过程中，信息被传输至领域边界处，通过自身的物理能量由该点辐射传播，使通信的能量损耗降至最低。这些信息也能够被传送至不同的星球领域，不过由于不同的时间周期维度，信息可能会被拉长或压缩，或许接收一组完整的信息需要好多年，就像我们看见星星在夜空里闪烁，其实所看到的光线都是过去的；也或许这段信息会被压缩得无法辨识，如所有信息叠加般纠缠在一起。

05

人机共生

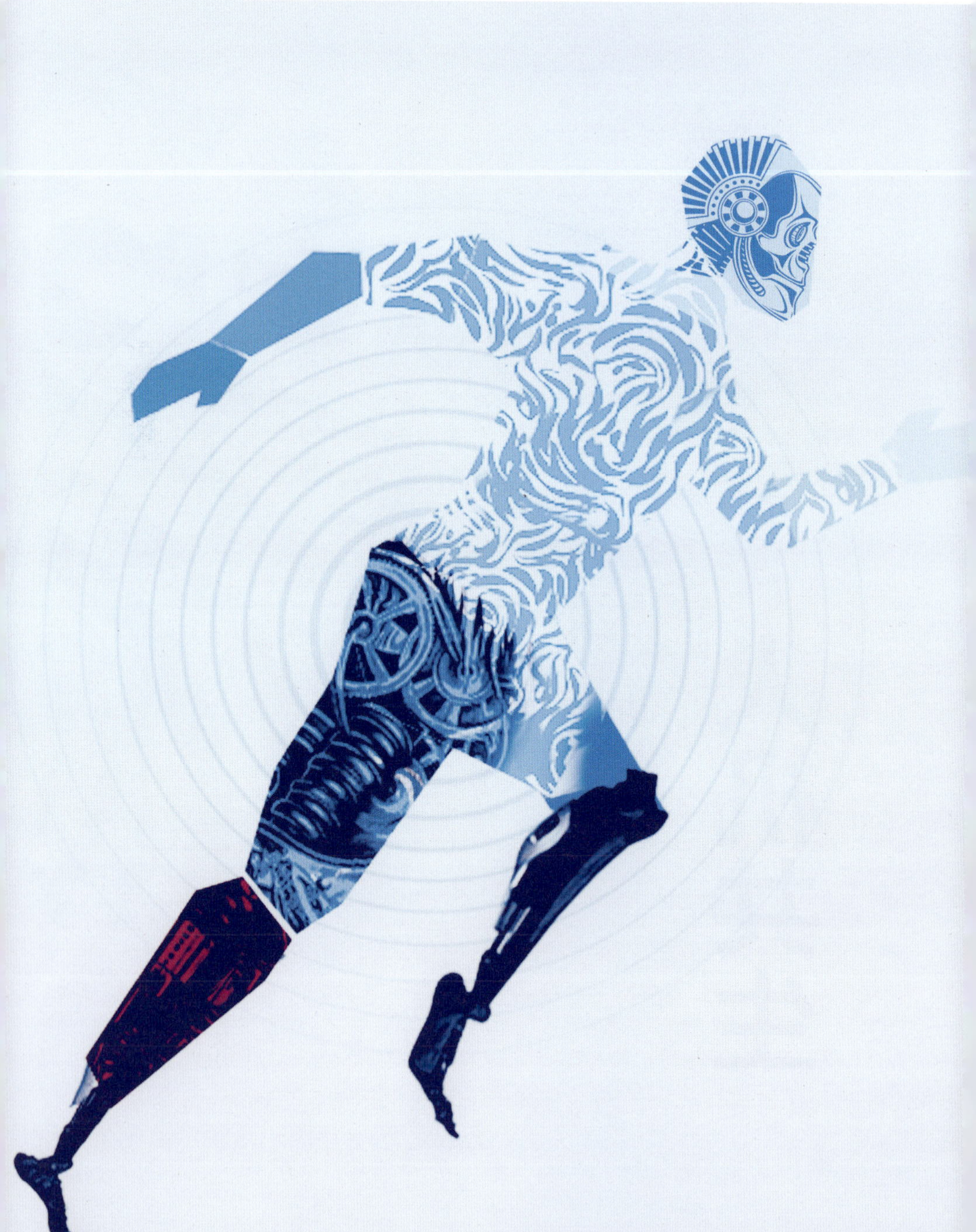

遗传因子的组合是生命的基础，不论掺杂了任何缺陷，均是生命体发展之初最完整的样貌。在生命发展过程中，每个阶段都给予了选择的权利，有一定的概率会得一种特定的病，也有一定的概率会对某种病毒免疫。生物的逻辑思维具有模糊性，它所给出的综合性导向，不论结果如何，均是生命在任意阶段的最佳形态。这个最佳形态并不是所有条件的峰值，而是根据环境条件给予的最佳选择路径，是在一次又一次的选择过后，最终形成的最适合环境的形态。

当然，环境是时变的，可以理解为它因自身存在的领域不同而产生了差异。大的领域会迫使包含在其中的小领域发生改变，当物体进入一个新的领域时，小领域的时间观会被大领域所牵引。虽然粒子间的领域没有发生重大改变，但为了适应环境需求，粒子领域会逐渐调整。其中，不能适应的物种将会消亡。

改变是缓慢的过程，可能需要好几代才能够做出小部分的修正，也可能根据自然生存法则留下合适的角色继续发展。尽管一切改变都是对现状的优化，但在简化为粒子状态时一切并没有不同，只是产生的连接与粒子的空间信息发生了变化。因此，对于最终生成的个体而言，若能重组粒子的空间结构并且给予新的连接图谱，那么它便能省略遗传因子发展的缓慢过程，还能够将现有的个体调整为符合新领域生存条件的个体。

比如，为了在极大的引力下生存，个体会调整质量和密度，使其结构更紧凑，以抵御引力的压缩；或者它会生出一种鳞片状的皮肤，以便在液态介质中更有效地移动等。

机械的构成被拆解为最小单元，以类似生物组成的方法重建，这是拥有意识的有机体。但与生物不同的是，机械有机体对自身的每个粒子与个体的建构有绝对的支配能力，使得机械有机体能调整为适应环境的样貌。当生物发送需求给机械有机体时，机械有机体会快速地变异粒子建构的逻辑环境，发展成为衣服、武器和交通工具等。由于建构的框架借鉴了生物的粒子形态，因此机械有机体能够与生物粒子相结合，通过扩散的连接关系成为生物表层的附加物体。当实现连接关系时，机械有机体将不再是个体，而是与生物结合后的综合型个体。

不同的是，机械有机体的组成部分能够自行控制连接方式和结构转移，这些控制的来源均通过生物电信号传达。在高压环境下，机械有机体会缩短粒子间的间隔，改变其排列方式，使表层结构异常坚硬。生物在高压下无法自由地活动身躯，只能控制机械有机体的局部结构，如膝盖与髋部等。利用机械有机体的结构变形来完成移动是一种自动走步，无须消耗生物自身的能量。当然，万物都是通过类似的方法构成的，因此机械有机体能够组成任何生物结构，例如可以修补伤员受损部位的肌肉组织结构或是仿造一个真实跳动的心脏等。机械有机体也

可以通过多重的能量转移来满足生物体的需求，如建立一个类似于鳃的水下呼吸系统。多重转化能在受限的条件下将有用的资源提取出来，生物不再需要“咀嚼”或“吞咽”，因为机械有机体与生物为综合型个体，这些养分会直接进入生物的代谢循环中，然后再回到机械有机体的循环中，不断的循环利用能使有限的资源得到最大化的利用。

机械的意识是对外在的感知和决策。机械有机体不仅能够通过自身的变异与组合来实现功能，也能够作为两个介质或不同物体间的结合物形成新的独立个体。结合后的个体是通过粒子结合的方式组成的，因此人们无须通过行为操控就能实现预操作的目标。比如，一名驾驶员需要操作一架战斗机，神经系统会与机械系统结合，以机械有机体作为中间的桥梁，将战斗机的机械指令直接输入神经元的通信框架中。反过来，对战斗机的控制也能由神经元的通信系统传达控制指令给机械系统来完成。当然，不仅无机物与生物可以结合，生物与生物也可以结合，不过这个结合并不是融为一体，而是实现感知与交流。以机械有机体为桥梁，通过神经元的结合相互传达思想与感受，可使语言变成一种无文字的信息。这种生物与生物通过神经系统沟通与感受的方式，不仅可运用于动物和植物间，也可运用于一种地球上不存在的生命体与一个事件的连接中，以获取这个连接发生前所有的移动轨迹。

06

行星智能

海水污染使得海洋生物的栖息地不断缩小，大量的植被砍伐使得热带雨林正在不断地消失。文明的发展与工业化，往往需要与地球有限的资源进行交换，温室效应下北极冰层逐渐崩塌与融化，海平面不断上升。所有这些都说明我们的星球在逐渐变化。

21 世纪以来，自然灾害（海啸、地震、飓风等）频发，造成严重的生命财产损失。牵一发而动全身，交换皆需要付出相应的代价，自然正在用它的力量阻止人类过度地索取资源。不过，自然并不会惩罚破坏者，它只会调整与平衡。生物在自然面前均是微不足道的，对于地球而言，所有的变化只是发生了一个现象。一切现象都有与之平衡的条件。这个平衡不是指恢复到以前的样貌，而有点像被改变支点位置的跷跷板，一端需要放置更重的物体才能再次维持平衡，而这些额外的重物则搬迁自另一端。土地贫瘠的沙漠国家，在近几个世纪以来快速积累财富，这些财富来自石油。早期的研究显示，石油的形成与动植物尸体有关，但这些并没有定论。地壳变动与板块运动导致大量物种崩落于断带中的说法，也是一种推论，但形成石油前的地理与物种样貌是多元的，这是不争的事实。由多元性变成单一性，这并不是人力所能改变的，自然正在不断地自我调整，而每次的调整都是大型的搬迁工程。其中，被迫搬迁的并不是自然本身，而是依托于自然的生物圈。森林大火可能由人为引发，也可能是自发的。森林火灾的记载能追溯到史前时代，当物种过于密集且资源有限时，物种间会开始竞争。高大的植物阻挡了灌木接受阳光，影响到灌木的光合作用与生长条件，狭窄的空间使空气淤塞，腐殖气体形成易燃性沼气。当然，大火也可能是因为过于干燥与阳光暴晒导致的自然现象。然而，不管怎样，一场灾难后，一切环境条件又恢复到了起始点。此外，燃烧形成剧烈的气流，气流漂移并不断与水汽凝

聚，最终形成雨水，浇灌数千千米外的土壤。

从地壳变动、气流到粒子的移动，物质的总数并没有改变，只是发生了移动。移动的目的只是恢复最佳的平衡状态，而其引起的无限多种变化是大量叠加事件连接所导致的。当空间出现缺损时，会有新的物质填补；当能量不协调时，会有相反的作用力来平衡。最终的平衡状态是一个多维度空间的总和，其中也包含了任意角度的变化。这些变化逐渐从混乱中形成规律，再恢复平静，然后周而复始。如果完全对称的圆是最佳的形态，那么行星也在不断打磨自身的不对称来实现优化。从远处观察，地球并不是正圆形的，而是具有偏移量的椭圆形的。不均匀性使得星球躁动不安，风带、洋流、板块运动等都是在协调这些不稳定的作用力。星球、太阳系、银河系，不断放大至浩瀚的宇宙，在自由空间中的物体均在寻求稳定。这个稳定并非取决于个体，而取决于所有成分的汇总产生的最佳状态。星球置于宇宙中的稳态也是如此，多则散逸，少则压缩，彼此间都在施加压力。其中，旋转或许是使受力均等的最佳方法。如果一切都是探索平衡的过程，那么点点星光所要传达的或许是一个警示，一个无法衡量的时间点即将到来的变化与冲击。

07 终点

个体、城市、行星、银河至宇宙边界，个体、组织、细胞、原子至粒子边界，无限的扩张与无限的缩小处于对等的两面，虽然在形态上有些差异，但不断地打开这个未知的盒子才发现，这个盒子永远包含着更小的单元。从物种的角度观察这个世界，即使是一只蚂蚁或原始的蓝绿藻，也是个体维持作用与反作用的起始点。由于自身的独特性，个体存在于自身领域的中心，由中心向外探索，由中心向内挖掘，这是一切的原点。原点的意义在于物体存在的空间，而思想没有原点，仅是一个模糊的比例关系。孩童的画作会通过粗略的线条与不完整的块绘制出家庭的模样，尽管内容简单，但在某些特征上却能够体现孩童对世界的想象及感官形成的意识图像。这是孩童的世界观所反映的思想样貌，一种原始事件给予的感官冲击。

如果世界观只剩下眼前镜子中的图像，那么任何细微事件都将巨细无遗。思想的变化与个体处于不同的环境状态有很大的关联，这个变化并不是单一存在的，而是一系列的对应关系得到的结论。其中的思想并不是单纯的大脑逻辑，它包含了记忆、感知、情感甚至是协调性等，这些都在不断调适个体的现状，使个体在空间的移动能通过环境给予的考验。

移动是自由空间的填补，这个填补来自对应的需求，当特定的时间与空间出现缺损时，需要符合对应关系的物质来填补。当从水杯的任意位置取走部分溶液时，该位置便会形成空乏区，为了保持平衡，周围溶液会来填补这个空乏区。不过，这个取水的行为并没有受到时间的影响，而仅是出现缺损后填补的过程。在这一缓慢的过程中，如果以视觉的角度来观察，物体正在做持续性的移动。不过，在无限延伸的暂停画面中，移动是瞬间发生的。这样的移动早已被限定在需求的对应上，星球的移动、偏转都在因为这样的填补过程而发生位置变化。如果想将双手放进滚烫的热水中，并且不受到伤害，需要套上隔热的防护手套。电磁波能穿透墙，但双手不能，如果双手想跟电磁波一样，那么双手需要满足对应条件才能实现空间移动。空间移动的条件可以很宽泛，能像浩瀚的宇宙般可以容纳所有，也能压缩至特定的绝对条件。倘若自由空间中出现了一个空乏区，而该空乏区仅限于特定的物体，那么移动就会在瞬间发生。由于空乏区的形成脱离了时间的约束，因此空乏区可能形成于数千万光年外的某个行星上，这将实现瞬间移动；空乏区也可能形成于未来特定的时间与地点，或者是过去的时间与地点，从而实现时空旅行。

移动不再是载具才能发生的独特现象，不论粒子，还是能量，都能够因为满足对应条件而发生移动。如果世界是有限的，那么发生的改变或缺损可能会带动整个世界的流转。稳态是所有现象的终极目标，失去物质的空乏区将会被新的物质填补，而移动不论如何变化，都是依靠不断改变万物间的关系来维持平衡的。当从原点通往各个方向时，意识形态的终点可能也是原点。当条件对应时，自动的移动就会发生，而驾驭的是满足万物平衡的变量。

图书在版编目（CIP）数据

进化：从轮车时代到未来驾驶 / 何至军著 . —北京：电子工业出版社，2022.7

ISBN 978-7-121-43478-5

Ⅰ . ①进…　Ⅱ . ①何…　Ⅲ . ①汽车驾驶－自动驾驶系统－文集
Ⅳ . ① U463.8-53

中国版本图书馆 CIP 数据核字（2022）第 084205 号

责任编辑：郭景瑶
文字编辑：刘　晓
印　　刷：北京利丰雅高长城印刷有限公司
装　　订：北京利丰雅高长城印刷有限公司
出版发行：电子工业出版社
　　　　　北京市海淀区万寿路 173 信箱　　邮编：100036
开　　本：880×1230　1/32　印张：8.25　字数：211.2 千字
版　　次：2022 年 7 月第 1 版
印　　次：2022 年 7 月第 1 次印刷
定　　价：88.00 元

凡所购买电子工业出版社图书有缺损问题，请向购买书店调换。若书店售缺，请与本社发行部联系，联系及邮购电话：（010）88254888，88258888。

质量投诉请发邮件至 zlts@phei.com.cn，盗版侵权举报请发邮件至 dbqq@phei.com.cn。

本书咨询联系方式：（010）88254210，influence@phei.com.cn，微信：yingxianglibook。